COSMOVISIÓN BÍBLICA

QUÉ ES, POR QUÉ IMPORTA Y CÓMO MOLDEAR LA COSMOVISIÓN DE LA PRÓXIMA GENERACIÓN

DR. JOSH MULVIHILL

COSMOVISIÓN BÍBLICA

QUÉ ES, POR QUÉ IMPORTA Y CÓMO MOLDEAR LA COSMOVISIÓN DE LA PRÓXIMA GENERACIÓN

DR. JOSH MULVIHILL

EDITORIAL JUCUM

P.O. Box 1138 Tyler, TX 75710-1138

Editorial JUCUM forma parte de Juventud con una Misión, una organización de carácter internacional.

Si desea un catálogo gratuito de nuestros libros y otros productos, solicítelos por escrito o por teléfono a:

Editorial JUCUM
P.O. Box 1138, Tyler, TX 75710-1138 U.S.A.
Correo electrónico: info@editorialjucum.com
Teléfono: (903) 882-4725
www.editorialjucum.com

Cosmovisión bíblica: Qué es, por qué es importante y cómo dar forma a la cosmovisión de la próxima generación
por Dr. Josh Mulvihill

Versión española: Iñaki Colera
Diseño de portada: Joshua Hernández

Publicado originalmente en inglés con el título de:
Biblical Worldview

P.O. Box 12366
Roanoke, VA 24025

ISBN 978-1-648360-97-8

Impreso en los Estados Unidos

Índice

Tercera parte
El gran relato de la Biblia
Cómo enseñar cosmovisión bíblica en cuatro palabras

Presentación

Durante más de diez años me he dedicado a una misión muy específica: la de hacer que los niños desarrollen una cosmovisión bíblica. Dejar el pastorado y lanzarme a esta misión que Dios ha grabado a fuego en mi corazón y en mi mente ha supuesto una gran aventura. Durante este tiempo, Dios me ha enseñado a confiar totalmente en Él. Cuando empecé, no tenía ni idea de cómo debía realizar mi labor. Pero, a medida que seguía el liderazgo del Espíritu Santo, Él me condujo a muchas personas clave. El Dr. Josh Mulvihill fue una de esas personas. Cuando nos conocimos, Josh era pastor de familias y niños en una mega-iglesia de Minnesota. Al principio, me pregunté si sería ese tipo de persona que se dedica a seguir la última moda eclesiástica o alguien que iba a tomarse en serio el desarrollo de una cosmovisión bíblica en los niños y los padres que tenía a su cargo. Pronto descubrí que no solo consideraba el asunto con total seriedad, sino que ponía en marcha los programas concretos capaces de hacerlo realidad.

Con el tiempo, Josh se uniría a Renewanation como miembro de la Junta Directiva y, en otoño del 2017, se convertiría en el director ejecutivo de nuestra División de Ministerio a la Iglesia y la Familia.

Juntos, empezamos a dar cuerpo a las herramientas que íbamos a necesitar, para equipar eficazmente a las familias, a los educadores y a las iglesias en la tarea de proporcionar a los niños una cosmovisión bíblica. No tardamos mucho en comprender que íbamos a necesitar un libro práctico e introductorio sobre el tema. Lo cierto es que, durante las dos últimas décadas, se ha hablado mucho de la «cosmovisión bíblica», pero muchos cristianos aún no comprenden su significado. Peor aún, la mayoría de los padres y abuelos se sienten mal equipados para transmitir una cosmovisión bíblica en el hogar.

Cuando leí el primer borrador de este libro, supe que era exactamente lo que necesitábamos. Es claro y fácil de entender, pero no excesivamente sencillo ni falto de contenido. Ha sido escrito pensando en los padres y abuelos, por un hombre que ha aplicado a diario el desarrollo de la cosmovisión bíblica en la vida de sus cinco hijos, y que ha puesto en práctica cada semana estas enseñanzas en una iglesia que ministra a miles de niños y padres.

Este libro tiene como punto de partida la autoridad y la suficiencia de la Escritura. En Renewanation, proclamamos sin complejos nuestra total confianza en la Palabra de Dios. En la Palabra de Dios reconocemos el diseño bueno y hermoso de Dios para la familia y para todos los ámbitos de la vida. Estamos plenamente convencidos de que los problemas que enfrenta el mundo en la actualidad son el resultado directo de la incapacidad de vivir de acuerdo con el buen diseño de Dios, tal y como se describe en la Biblia.

Mi esperanza y ruego al Señor es que, a medida que lea este libro, usted vuelva a someter su vida y su familia a la autoridad de la Sagrada Escritura. También oro para que su compromiso con los niños que Dios ha confiado a su cuidado se haga mayor que nunca. Si vamos a salvar a la generación de nuestros hijos de las mentiras de esta cultura saturada de pecado, debemos tomarnos en serio la tarea de ayudarles a desarrollar una cosmovisión bíblica. Desde aquí, hago un llamado a los pastores, a los educadores, a los padres y a los abuelos para que se unan a esta causa. Desafío a aquellos entre ustedes que estén en primera línea de batalla a que hagan lo que sea necesario para educar a una nueva generación de hombres y mujeres jóvenes que amen a Cristo, conozcan sus caminos y estén preparados para transformar nuestro mundo para la gloria de Dios.

Jeff Keaton
Fundador y presidente de Renewanation

«Creo en el cristianismo como creo en que el sol ha salido, no solo porque lo veo, sino porque gracias a él veo todo lo demás».

C.S. Lewis

En cierta ocasión preguntaron a Cornelius Van Til por qué había dedicado su vida a la filosofía y la apologética, a lo que él respondió: «Para proteger a los niños cristianos».

«La gente actúa conforme a su cosmovisión con más consistencia de lo que ella misma cree. El problema no son las cosas externas. El problema es tener la cosmovisión correcta, la que proporciona a hombres y mujeres la verdad de lo que existe, y luego actuar conforme a ella».

Francis Schaeffer

Introducción

Tener una correcta cosmovisión bíblica es vital para su trabajo como padre, abuelo, educador y pastor. Moldea su filosofía, su enseñanza, su asesoramiento, sus cualidades como padre o abuelo y su capacidad para relacionarse sabiamente con el mundo.

Hoy en día se está librando una batalla por los corazones y las mentes de los niños, y hay mucho en juego. El mundo trabaja con diligencia para que los jóvenes adopten su forma de pensar. Las creencias que desarrollan nuestros hijos moldean inevitablemente sus decisiones y determinan su destino eterno. Un número alarmantemente alto de jóvenes cristianos está asumiendo las opiniones de la sociedad, abandonando la iglesia y alejándose de Cristo. Ha llegado el momento de que cambiemos esto, tanto para la gloria de Dios como por el bien de nuestras familias.

Imagine el impacto que tendría en los hogares, las iglesias, colegios y en toda nuestra nación, que millones de niños recibieran una cosmovisión bíblica. Este libro, *Cosmovisión bíblica*, es una invitación a unirse a esa causa con el fin de librar la buena batalla de la fe, en beneficio de la próxima generación. Ha llegado el momento de que las iglesias antepongan el estudio de la Biblia al entretenimiento de los jóvenes, de que las familias den prioridad al discipulado sobre el deporte o los estudios, y de que las escuelas cristianas prioricen la madurez en Cristo sobre la preparación para la universidad o el rigor académico. Ha llegado el momento de que todos nosotros hagamos de la Biblia el fundamento y el centro de nuestros esfuerzos ministeriales para alcanzar y discipular a los niños.

¿De qué trata este libro?

Dicho simplemente, la cosmovisión tiene que ver con las creencias. Me apasiona la tarea de moldear las creencias de los niños, y a usted también debería apasionarle. Lo que un niño crea sobre Jesús determinará su destino eterno. Lo que un niño crea sobre la Biblia repercutirá en lo que crea sobre Jesús e influenciará en su manera de vivir. Lo que crea un niño sobre la identidad de género, el matrimonio y la sexualidad tendrá importantes implicaciones para él y para el adulto en el que se convertirá. Lo que un niño crea sobre el trabajo, la hombría, la feminidad y los temas sociales de hoy en día repercutirá en sus decisiones y en el rumbo que tome su vida. Este libro le proporcionará las herramientas necesarias para ayudar a los niños a desarrollar un sólido fundamento bíblico y el marco doctrinal de una cosmovisión en la Escritura.

Una cosmovisión bíblica es un conjunto de creencias sobre la vida que determina nuestra forma de vivir. La cosmovisión bíblica ayudará a los niños a desarrollar una fe en Cristo profunda, duradera y con capacidad de transformar la cultura. Que muchos jóvenes se llamen a sí mismos cristianos, pero piensen y vivan como incrédulos no debería sorprendernos. Cuando los jóvenes no tienen una cosmovisión basada en la Biblia, centrada en Jesús e impulsada por Dios, lo normal es que acaben pareciéndose a la sociedad sin Dios en la que viven.

La cosmovisión bíblica se construye sobre el fundamento de la autoridad, la inerrancia y la suficiencia de la Biblia. Este libro le ayudará a establecer dicho fundamento en el corazón y la mente de los niños, para que confíen en la Biblia, reflexionen sobre la vida desde una perspectiva bíblica y vivan de acuerdo con los principios de la Biblia. Es la Escritura la que moldea nuestros puntos de vista sobre Dios y su creación, y debe ser el eje del desarrollo de nuestra cosmovisión. Debemos tomar nuestros principios y prácticas de la Palabra de Dios, no del mundo. Cuando para la educación de la siguiente generación se adoptan el significado, los mensajes y los métodos del mundo, lo normal es que los niños acaben pareciéndose más al mundo que a Cristo.

Nuestra cosmovisión se desarrolla a medida que definimos lo que creemos respecto a cuatro temas fundamentales:

- Creación: ¿Cómo he llegado hasta aquí? ¿Cuál es mi propósito?
- Rebelión: ¿Qué ha salido mal? ¿Por qué hay maldad y sufrimiento?
- Salvación: ¿Cuál es la solución? ¿Dónde encuentro esperanza?
- Restauración: ¿Qué ocurrirá en el futuro? ¿Cómo podemos transformar vidas y cambiar el mundo?

Estos cuatro pilares forman el marco de la cosmovisión de una persona. Es fundamental que los cuatro pilares de la fe estén firmemente establecidos y que se desarrollen convicciones profundas en torno a estas verdades bíblicas.

La cosmovisión bíblica es un llamamiento serio a moldear las creencias de la próxima generación por medio de la Biblia. El objetivo de la cosmovisión bíblica es abrazar la verdad del evangelio para vivir de manera piadosa. Este libro es una breve introducción a la cosmovisión bíblica y le equipará para ayudar a los niños a desarrollar una visión de la vida basada en la Biblia que transformará sus hogares, comunidades y naciones.

¿Para quién es este libro?

He escrito este libro para los padres, los abuelos, los pastores y los educadores. Cuando se menciona la cosmovisión bíblica, muchas personas tienen una vaga idea del concepto, pero no tienen una comprensión concreta de lo que es ni de por qué es importante. Muchos pastores han oído hablar de la cosmovisión bíblica, pero creen que es una disciplina intelectual poco aplicable a la iglesia. Nada más lejos de la realidad. La gran mayoría de los padres y abuelos cristianos desean criar a sus hijos mediante una firme base bíblica que los lleve a una fe perdurable en Jesús y a un ministerio fructífero de servicio a Dios en el mundo. A pesar de ese deseo, son pocos los padres y abuelos que nutren la fe de sus hijos, y menos los que lo hacen de forma intencionada. Muchas escuelas cristianas no han incorporado la Biblia a las aulas o al plan de estudios, y no están formando a los niños para que piensen bíblicamente. Este libro desea poner de relieve la importancia vital de la cosmovisión bíblica para la iglesia, el hogar y la escuela, y muestra cómo ayudar a un niño a desarrollarla.

Todo padre y abuelo cristiano debe ayudar a sus hijos o nietos a desarrollar una cosmovisión bíblica. Todo pastor y educador cristiano debe equipar a la familia para que discipule a la próxima generación con una cosmovisión bíblica. Este libro le ayudará a hacerlo.

Resumen del libro

Cosmovisión bíblica tiene tres secciones: (1) una introducción a la cosmovisión bíblica; (2) la dedicada al fundamento bíblico que permite desarrollar sólidas creencias doctrinales sobre la Escritura; y (3) un marco para la cosmovisión bíblica basado en la gran historia que se relata en sus páginas. En la primera sección, exploraremos por qué es importante la cosmovisión, qué es y las cinco influencias que moldean las creencias de los jóvenes. En la segunda, estudiaremos las verdades clave sobre la Biblia que deberían enseñarse a todos los niños para demostrar su autoridad, su confiabilidad y su utilidad en la vida. Lo que un niño opine sobre la Biblia determinará su opinión sobre la vida. Terminaremos la segunda parte examinando seis formas de ayudar a los niños a vivir la Palabra de Dios. La sección final del libro proporciona un marco para la cosmovisión bíblica mediante la exposición de la gran historia relatada en la Escritura. Para ello se utilizarán cuatro conceptos generales y sus correspondientes explicaciones, especialmente dirigidas a la enseñanza a los niños. El libro concluye con recursos destinados a ayudar a los jovencitos a desarrollar una cosmovisión bíblica.

Uno de los mayores retos que plantea el tema de la cosmovisión es el enfoque erudito con el que se aborda. Se trata de una materia que suele plantearse desde una perspectiva filosófica, y con una terminología que desconcierta al no especialista y hace que se cuestione la aplicabilidad del asunto a su vida cotidiana. No es que ese enfoque sea inválido. Sencillamente, no es el adecuado para el cristiano normal y corriente que lee un montón de palabras terminadas en «ismo» y automáticamente piensa: «No me interesa». Creo que la cosmovisión bíblica debe comenzar con la Biblia, centrarse en la Biblia y aplicar la Biblia a la vida.

Considere este libro como una guía sencilla sobre el tema, un libro fácil de leer, que impacta con el evangelio y tiene la más elevada de las opiniones respecto a la Escritura. No pretende ser exhaustivo, sino introductorio. Le presentará la cosmovisión bíblica, y lo hará de tal forma que le animará a meditar profundamente sobre el lugar de preeminencia que debe tener en su vida y ministerio, proporcionándole las herramientas necesarias para persuadir y discipular a los niños de hoy en día de manera impactante y duradera. Este libro le ayudará a entender qué es la cosmovisión bíblica, por qué es importante y cómo puede usted ayudar a los niños a desarrollar una cosmovisión bíblica.

Dr. Josh Mulvihill

Guía de estudio

Autora de la guía de estudio:
Lauralee Holsing

¿Qué dice la Escritura?

- 1 Timoteo 4:1
- 2 Timoteo 3:14-17

Puntos clave y preguntas para el debate

1. «El mundo trabaja con diligencia para que los jóvenes adopten su forma de pensar. Un número alarmantemente alto de jóvenes cristianos está asumiendo los puntos de vista de la sociedad, abandonando la iglesia y alejándose de Cristo».

    - ¿De qué maneras sutiles y no tan sutiles está influyendo el mundo en los jóvenes para que asuman los puntos de vista y los valores del secularismo?
    - ¿Cómo ha equipado a su(s) hijo(s) para que reconozca(n) y rechace(n) las ideas mundanas de nuestros días?
    - Resulta desgarrador observar cómo nuestros seres queridos adoptan creencias antibíblicas que ponen en riesgo su salvación. Si usted tiene amigos o familiares que han tomado decisiones impías o abrazado un estilo de vida contrario a la Biblia, ¿qué puede haber contribuido a que esa persona abandonara sus creencias?

2. «Muchos jóvenes que se llaman a sí mismos cristianos piensan y viven de forma no cristiana y cada vez se parecen más a la sociedad sin Dios».

    - ¿Cuáles cree usted que son las fuentes de influencia más importantes para los niños, que los llevan a abandonar sus creencias?
    - ¿Cómo cree usted que afecta una visión secularista del mundo a los siguientes temas?: La fe en Jesús, la identidad de género, el matrimonio, la sexualidad, la masculinidad y la feminidad.

3. «Las iglesias y las escuelas cristianas deben trabajar en formar a los padres y los abuelos en la tarea de discipular a los niños para que tengan una cosmovisión bíblica».

    - ¿De qué manera podemos guardarnos y guardar nuestra alma con diligencia para no desviarnos de la Palabra de Dios? (Dt 4:9)
    - Dios nos enseñó por medio de su Palabra, ¿qué debemos hacer nosotros con ese conocimiento? (Sal 71:17-18)
    - ¿Qué significa que la enseñanza de los padres sea como «un adorno o collares»? (Pro 1:8-9)

✔ Conclusión

«La gente actúa conforme a su cosmovisión con más consistencia de lo que ella misma cree. El problema no son las cosas externas. El problema es tener la cosmovisión correcta, la que proporciona a hombres y mujeres la verdad de lo que existe, y luego actuar conforme a ella».

Francis Schaeffer

Primera parte

Introducción a la cosmovisión bíblica

1

¿Por qué es importante la cosmovisión?

Seis razones por las que todos los niños necesitan una cosmovisión bíblica

Todos los padres, abuelos, educadores y pastores cristianos que conozco quieren que los niños que aman lleguen a conocer, amar y seguir a Jesús durante toda su vida. Queremos que nuestros hijos desprendan el aroma del cielo y que pasen la eternidad allí.

Desgraciadamente, muchos jovencitos cristianos no están preparados para navegar por el maremágnum de ideas antibíblicas que los confrontan. Todos conocemos a adolescentes que se han desviado y alejado de Cristo, y nos horroriza pensar que eso pueda ocurrirle a nuestros propios hijos. Cuando la presión aumente, nuestros hijos se verán en apuros si no tienen la tranquilidad de saber en qué creen y por qué lo creen.

Nuestros hijos están siendo seducidos por el mundo a un ritmo alarmante. Las iglesias evangélicas se enorgullecen de un modelo de proclamación que intenta llevar el evangelio a aquellos que buscan respuestas espirituales; mientras tanto, nuestros hijos son discipulados en el pensamiento humanista secular por las mismas personas a las que intentamos llevar el evangelio. ¿Quién está discipulando mejor a los niños, el mundo o la iglesia? Debemos ser honestos y reconocer que muchas iglesias encuentran dificultades para transmitir una fe profunda, duradera y bíblica a las generaciones futuras.

Padres y abuelos quieren lo mejor para sus hijos o nietos, pero a menudo sus deseos y prioridades no están en el orden correcto. Deporte y estudios suelen tener prioridad sobre la alimentación de la fe de los niños. Estos pueden terminar en una universidad prestigiosa o recibir una beca deportiva, pero su fe no ha sido fortalecida, lo que los hace vulnerables al engaño del mundo. Una investigación de Barna Group ha descubierto que «la cosmovisión de una persona se forma principalmente y queda firmemente asentada a los trece años; se perfecciona a través de la experiencia durante la adolescencia y los primeros años de la vida adulta; y se transmite a los demás durante la madurez. Estos estudios subrayan la necesidad de que los padres y otras personas influyentes intervengan conscientemente en el desarrollo de la cosmovisión de los niños».[1] Son muchos los padres y abuelos que no desarrollan la cosmovisión de sus hijos, y ese vacío espiritual lo llenan las ideas de la cultura y el pensamiento secular.

Por eso decimos que «la cosmovisión es importante». Esa sencilla frase describe mi mensaje a los padres, abuelos, pastores y educadores. La cosmovisión bíblica merece nuestra atención y nuestros recursos.

He aquí seis razones por las que toda familia, iglesia y escuela necesita ayudar a los niños a desarrollar una cosmovisión bíblica.

---

1 Barna Group, "Changes in Worldview Among Christians Over the Past 13 Years", visitado el 26 de marzo del 2019, https://www.barna.com/research/barna-survey-examines-changes-in-worldview-among-christians-over-the-past13-years/.

1. Para proporcionar sabiduría sobre la vida

Cuando tenemos dificultades con la educación de nuestros hijos, ¿dónde buscamos respuestas? Cuando deseamos aprender a ser abuelos, ¿adónde acudimos en busca de orientación? Cuando queremos métodos de enseñanza, ¿dónde encontramos ideas? Cuando tenemos que tomar una decisión, ¿dónde buscamos sabiduría?

La Biblia afirma proporcionar todo lo necesario para la salvación en Jesús, el crecimiento en la semejanza de Cristo, la obediencia a los mandatos de Dios y la vida piadosa. Los reformadores llamaron a esto *sola scriptura*, es decir «solo la Escritura», fundamento de la doctrina de la suficiencia de la Escritura. Dicha doctrina se encuentra en 2 Timoteo 3:15-17, «las Sagradas Escrituras, las cuales te pueden hacer sabio para la salvación por la fe que es en Cristo Jesús [y] enteramente preparado para toda buena obra [énfasis añadido]». En 2 Pedro 1:3, Pedro hace la misma afirmación cuando declara que «todas las cosas que pertenecen a la vida y a la piedad nos han sido dadas por su divino poder [énfasis añadido]». Las palabras clave en estos versículos son *enteramente* y *todas*. Dios nos ha dado en la Escritura todo lo que necesitamos para poner por obra sus mandamientos.

Una de las necesidades más urgentes que tienen hoy los cristianos es la de reivindicar la suficiencia de la Escritura para todas las áreas de la vida. James Montgomery Boice hace una observación similar:

> En la época de Martín Lutero, la doctrina de la *sola scriptura* tuvo que ver con la defensa de la Biblia como máxima autoridad para los cristianos, frente a los desafíos planteados por las tradiciones de la iglesia medieval, los concilios eclesiásticos y el Papa. Los reformadores querían que la Escritura se alzara en solitario como la verdadera autoridad de la iglesia.

> Hoy en día, al menos en la iglesia evangélica, ese no es nuestro principal problema; ya que afirmamos la autoridad bíblica. Más bien, nuestro problema está en decidir si la Biblia es todo lo que necesitamos para la vida y el trabajo de la iglesia. Confesamos su autoridad, pero subestimamos su capacidad para atraer a los incrédulos a Cristo, permitirnos crecer en piedad, proporcionar dirección a nuestras vidas y transformar y revitalizar la sociedad. [...] En otras palabras, en el siglo XVI, la batalla era contra los que querían añadir tradiciones eclesiásticas a la Escritura; en nuestros días, la batalla es contra los que quieren que usemos medios mundanos para hacer la obra de Dios.[2]

«Utilizar medios mundanos para hacer la obra de Dios», se trata de una afirmación desagradable pero a menudo se corresponde con la realidad. En lugar de acudir a la Biblia, las familias recurren a la psicología para que les ayude a criar a sus hijos. Los pastores utilizan métodos copiados del mundo empresarial, y las decisiones se toman atendiendo a criterios de utilidad, en lugar de seguir la metodología de la Escritura. Las escuelas cristianas utilizan libros de texto seculares, en lugar de planes de estudio basados en la Biblia. La psicología, el pragmatismo y los libros de texto seculares son síntomas de un problema teológico más profundo, que proviene de una comprensión deficiente de la suficiencia de la Escritura y conduce a sustituir la Biblia por otras fuentes de autoridad. En lo que respecta a la labor de los padres, los abuelos, la escuela y la iglesia en la educación de los niños, ¿buscaremos nuestra instrucción en la Biblia o acudiremos a otras fuentes?

La Biblia contiene todo lo que necesitamos para conocer a Dios, crecer hasta alcanzar la madurez de Cristo y

2 James Montgomery Boice, *Whatever Happened to the Gospel of Grace?: Rediscovering the Doctrines That Shook the World,* (Wheaton, IL: Crossway, 2001), p.66.

obedecer sus mandatos. La Biblia no aborda exhaustivamente todos los campos o temas; pero, cuando trata sobre uno de ellos, lo hace con autoridad.

2. Para desarrollar los cimientos de una fe en Jesús que dure toda la vida

Quizá haya oído hablar del elevado número de jóvenes que abandonan la iglesia y se alejan de su fe en Cristo, y del escaso número de jóvenes creyentes que tienen una visión bíblica de la vida. He sido pastor de familias durante casi veinte años y he visto cómo se desarrollaban los siguientes patrones:

- Analfabetismo bíblico: Un número alarmantemente alto de niños criados en hogares cristianos no saben lo que enseña la Biblia.
- Confusión bíblica: Un elevado número de jóvenes cristianos no saben por qué deben creer en las enseñanzas de la Biblia, en lugar de en otros puntos de vista.
- Inmadurez bíblica: Cuando los jóvenes se encuentran con un sistema de creencias diferente, muchos no saben cómo defender su fe o explicar las verdades básicas de la Biblia.

¿Qué hace que los niños tengan una fe perdurable? Según el apóstol Pablo, una educación saturada de la Escritura y basada en la Biblia moldea las creencias de los niños. Pablo encarga lo siguiente a Timoteo: «persiste tú en lo que has aprendido y te persuadiste, sabiendo de quién has aprendido; y que desde la niñez has sabido las Sagradas Escrituras» (2 Ti 3:14-15a).

Una de las metas de Pablo en cuanto a Timoteo es que sea firme en sus convicciones, que son el resultado de tres cosas: lo que aprendió (la verdad bíblica), de quién lo aprendió (madre, abuela, maestro y mentor espiritual) y cómo lo aprendió (le enseñaron la Biblia desde la infancia). Nótese que la Biblia se ocupa de lo que aprenden los niños, de quién les enseña y de cómo deben aprender. Si queremos que los niños vivan vidas piadosas de forma perdurable, estos son los métodos de Dios para lograr ese fin. Son muchos los niños cristianos a los que no se les enseña la Escritura, dejándolos expuestos a las falsas enseñanzas, a la inmadurez y a la incredulidad.

3. Para formar el carácter y la conducta mediante la verdad

En los países anglosajones, existe una expresión que suele utilizarse para comunicar cómo se transmite la fe a las generaciones futuras: «La fe se contagia, no se enseña». Suena espiritual. Por desgracia, no es una frase bíblica. La Biblia considera importantes ambas cosas. La fe se contagia, por lo que debemos ser capaces de decir a los jóvenes: «Sed imitadores de mí, así como yo de Cristo» (1 Co 11:1). Pero la fe también se enseña, y la Biblia da prioridad a la enseñanza como método principal de ayudar a las futuras generaciones a conocer a Cristo y crecer en madurez. Exploremos algunos pasajes que ordenan a padres y abuelos enseñar la verdad de la Palabra de Dios a los niños:

- «No te olvides de las cosas que tus ojos han visto, [...] antes bien, las *enseñarás* a tus hijos, y a los hijos de tus hijos [énfasis añadido]» (Dt 4:9).
- «Y las *repetirás* a tus hijos, y *hablarás* de ellas estando en tu casa, y andando por el camino, y al acostarte, y cuando te levantes [énfasis añadido]» (Dt 6:7).
- «Mandó a nuestros padres que la *notificasen* a sus hijos; para que lo sepa la generación venidera, y los hijos que nacerán; y los que se levantarán lo cuenten a sus hijos [énfasis añadido]» (Sal 78:5b-6).

- «Oye, hijo mío, la instrucción de tu padre, y no desprecies la dirección de tu madre» (Pro 1:8).
- «Y vosotros, padres, no provoquéis a ira a vuestros hijos, sino criadlos en disciplina y amonestación del Señor» (Ef 6:4).
- «Las ancianas [...] enseñen a las mujeres jóvenes a amar a sus maridos y a sus hijos, a ser prudentes, castas, cuidadosas de su casa, buenas, sujetas a sus maridos, [...] Exhorta asimismo a los jóvenes a que sean prudentes» (Tit 2:3-6).

Padres y abuelos deben utilizar la Biblia para moldear el carácter y estilo de vida del niño. Este es el patrón y el mandato de la Escritura. En Deuteronomio se ordena a padres y abuelos que enseñen la ley de Dios (los diez mandamientos) a los niños para que las futuras generaciones adquieran una comprensión de lo que está bien y lo que está mal.

El padre y la madre de Proverbios proporcionan un ejemplo de cómo formar a los hijos en el desarrollo de una visión bíblica de la vida, al instruir a su hijo para que tome decisiones sabias sobre la amistad (1:10), el dinero (3:9), el matrimonio (5:18), el trabajo (6:6) y otras cuestiones. Las abuelas de Tito 2 moldean a las generaciones futuras formando su carácter y orientándolas a ser madres y esposas piadosas.

4. Para defenderse de las ideas falsas

Una cosmovisión bíblica ayuda a los niños a defender su fe. Hoy en día, la crianza de los niños requiere una mentalidad como la de Colosenses 2:6-8: «Por tanto, de la manera que habéis recibido al Señor Jesucristo, andad en él; arraigados y sobreedificados en él, y confirmados en la fe, así como habéis sido enseñados, abundando en acciones de gracias. Mirad que nadie os engañe por medio de filosofías y huecas sutilezas, según las tradiciones de los hombres, conforme a los rudimentos del mundo, y no según Cristo».

Nuestra estrategia es sencilla y consta de dos pasos. Debemos enseñar las verdades centrales de la Escritura para que el cristiano se afiance en la fe, y a continuación presentarle el sistema de creencias que compite con ella y desenmascararlo, explicándole por qué es falso. En mis clases a los niños, me refiero a estas dos cosas como la gran verdad de la Biblia y la gran mentira del mundo.

¿Cuáles son las filosofías más destacadas a las que están expuestos los niños hoy en día? Preste atención a las palabras de moda, las frases repetitivas y las ideas populares en la actualidad. Familiarícese con ellas, aprenda lo que enseñan y por qué son deficientes, y aprenda a señalar esas deficiencias cuando las vea en la educación, los medios de comunicación o la cultura. En nuestra sociedad poscristiana, los niños tendrán que enfrentarse a una fuerte oposición, así como a sistemas de creencias que compiten con la Biblia. A menos que estén arraigados en la Escritura, absorberán las ideas de nuestros días y acabarán adoptando las creencias de la cultura secular. Nuestro objetivo es moldear las creencias de los niños, para lo cual debemos enseñarles a defender su fe contra los sistemas de creencias engañosos que compiten con la Biblia. Además, la cosmovisión bíblica es una herramienta eficaz de evangelización, que ayuda a responder preguntas y a proclamar el evangelio.

5. Para responder a las grandes preguntas de la vida

Una cosmovisión bíblica responde a las grandes preguntas que se hacen los niños, como: *¿De dónde vengo? ¿Por qué estoy aquí? ¿Quién soy? ¿Qué le ocurre al mundo? ¿Qué solución hay? ¿Cuál es el propósito de la vida? ¿Qué ocurrirá en el futuro?*

Los jóvenes están ávidos de verdad y buscan respuestas. Anhelan conversar cara a cara, de forma abierta y honesta. Quieren respuestas reales y se sienten atraídos por la autenticidad. Debido a la sobreabundancia de información, no saben qué información es digna de confianza, por lo que desean que se les pruebe aquello que se les transmite. Para los jóvenes, una de las pruebas más convincentes es una vida auténtica que es fiel a la Escritura. Una persona que diga la verdad en amor y practique lo que predica será increíblemente influyente en sus vidas. He aquí tres sugerencias respecto a cómo dar respuesta a las preguntas espirituales más comunes entre los jovencitos:

- *Adelántese a las preguntas de los niños.* No tema hablar de temas difíciles. Anime a los niños a pensar profundamente en las verdades de la Biblia.
- *Responda con la Escritura.* Anime a los niños a convertirse en estudiantes de la Palabra de Dios, para que conozcan la respuesta o sepan dónde encontrarla.
- *Procure ser un padre, abuelo, pastor o profesor al que se pueda preguntar.* Invite a hacer preguntas, tómeselas en serio y contéstelas con diligencia, para que el niño que sopesa las afirmaciones de la Biblia sea persuadido a creer en Cristo.

6. Para capacitar a los individuos acerca de el servicio a Cristo

El mundo no necesita cristianos saturados de cultura. Necesita agentes del evangelio llenos del aroma de Cristo. Una cosmovisión bíblica no sólo da forma a lo que un niño cree, sino que también lo capacita para vivir de una manera digna del evangelio, en beneficio de los demás y para la gloria de Dios, a través de su futura vocación. Una visión bíblica de temas como la ciencia, el derecho, la medicina y la educación proporcionará el marco para que los niños tengan, en nombre de Cristo, un impacto positivo en el mundo.

Una cosmovisión bíblica prepara a los niños para servir a Dios utilizando los dones que Él les ha dado. Dios no solo nos salvó de algo, sino que nos salvó para algo: retomar la tarea para la que fuimos creados originalmente. Le damos la gloria cuando reflejamos su carácter delante de los demás. Dirigir un negocio, dar clases o administrar un hogar no son actividades secundarias, sino hacer la obra de Dios en el mundo. La futura vocación de un niño no es algo que él hará para Dios; sino su forma de participar en la obra divina.

La importancia de los primeros años

Pablo aborda la importancia de los primeros años en la salvación y el crecimiento espiritual, cuando escribe a Timoteo: «y que desde la *niñez* has sabido las Sagradas Escrituras, las cuales te pueden hacer sabio para la salvación por la fe que es en Cristo Jesús [énfasis añadido]» (2 Ti. 3:15). El salmista afirma: «Oh Dios, me enseñaste desde mi *juventud* [énfasis añadido]» (Sal 71:17a). Los primeros años son fundamentales, y no debemos tragarnos la mentira de que los niños son demasiado jóvenes para manejar las verdades profundas de las Escrituras, por lo que, supuestamente, debemos esperar a poder enseñarles todo el consejo de la Palabra de Dios.

James Montgomery Boice señala que los hábitos de la juventud suelen convertirse en los hábitos de la edad adulta. Él afirma:

> Las decisiones que tomamos de jóvenes forman en nosotros hábitos que pasan a guiarnos y son difíciles de romper. Si al principio formamos buenos hábitos —como leer la Biblia, dedicar tiempo a la oración, disfrutar de la compañía del pueblo de Dios, ir a la iglesia, rechazar el pecado y practicar el ser honestos y hacer el bien— estos nos acompañarán a lo largo de la vida y facilitarán que en el futuro tomemos buenas decisiones. Si, por el contrario,

> tomamos malas decisiones, en el futuro nos resultará más difícil tomar buenas decisiones y los malos hábitos serán casi imposibles de romper.[3]

J.C. Ryle, un pastor inglés que vivió de 1816 a 1900, hizo una fuerte advertencia que todos los padres y abuelos deberían tener en cuenta:

> Lo que vayan a ser los jóvenes de adultos depende, con toda probabilidad, de lo que sean ahora, aunque ellos parezcan olvidar esto. La madurez que tengan de adultos se siembra en la juventud, que es la estación durante la cual se moldea el pequeño espacio de la vida humana, el punto de inflexión en la historia de la mente del hombre. El examen del brote nos permite juzgar el tipo de árbol que crecerá; las flores nos permiten determinar el tipo de fruto; cómo sea la primavera nos permite adelantar la cosecha que se avecina; observando la mañana juzgamos el día que tendremos; y, en general, por el carácter del joven podemos saber cómo será cuando crezca».[4]

Ryle continúa diciendo:

> La razón por la que afirmo esto es porque la experiencia me dice que el corazón de una persona difícilmente cambia si no lo ha hecho de joven. Los seres humanos no suelen convertirse durante la vejez. Los hábitos tienen raíces profundas. Una vez que se ha permitido al pecado acomodarse en el corazón, no es posible expulsarlo a voluntad. La costumbre se convierte en una segunda naturaleza, y sus cadenas no se rompen fácilmente. Como bien dijo el profeta: «¿Mudará el etíope su piel, y el leopardo sus manchas? Así también, ¿podréis vosotros hacer bien, estando habituados a hacer mal?»

3 James Montgomery Boice, *Psalms, An Expositional Commentary*, vol. 3 (Grand Rapids, MI: Baker Publishing House, 1998), 977.

4 J.C. Ryle, *Thoughts for Young Men* (Nelson South, Nueva Zelanda: Renaissance Classics, 2012), 6. (*Pensamientos para hombres jóvenes*. Kindle: Chapel Hill, 2015).

(Jeremías 13:23). Los hábitos son como piedras que ruedan colina abajo: cuanto más ruedan, más rápido e ingobernable es su curso. Los hábitos, como los árboles, se fortalecen con la edad. Un niño puede doblar un roble cuando es un retoño, pero cien hombres no pueden arrancarlo de raíz cuando es un árbol adulto. Un niño puede vadear el río Támesis en su nacimiento; pero el barco más grande del mundo puede flotar en él cuando se acerca al mar. Lo mismo ocurre con los hábitos: cuanto más viejos, más fuertes; cuanto más tiempo hayan tomado posesión de nosotros, más difícil será expulsarlos. Crecen con nuestro crecimiento y se fortalecen con nuestra fuerza. La costumbre es la nodriza del pecado. Cada nuevo acto de pecado disminuye el miedo y el remordimiento, endurece nuestros corazones, embota el filo de nuestra conciencia y aumenta nuestra inclinación al mal».[5]

Si estos comentarios le desaniman debido a que un hijo adulto o un miembro mayor de su familia no ha abrazado a Cristo, quiero recordarle que en Él siempre hay esperanza de transformación. La Escritura está llena de individuos que confiaron en Cristo en una etapa tardía de su vida —como el hijo pródigo, que acabó regresando a casa; como Nicodemo, que buscó a Cristo para nacer de nuevo cuando ya era viejo; o como el ladrón, que confió en Cristo al final de su vida—, así que nadie debe perder la esperanza. Si usted es propenso a preocuparse, la Biblia le recuerda que el remedio a ello es confiar en Dios y llevar su carga al Señor en oración (Fil 4:6-7).

Algunas investigaciones confirman la importancia de discipular a los jóvenes desde una edad temprana. Una encuesta realizada entre los miembros de la NAE (National Association Evangelical, Asociación Nacional Evangélica), por sus siglas en inglés, reveló que el 63%

5 Ryle, *Thoughts for Young Men*, 6–7. (*Pensamientos para hombres jóvenes*).

de ellos se convirtió al cristianismo entre los cuatro y los catorce años, siendo la edad media los once años.[6] La misma encuesta también reveló que el 34% se hizo cristiano entre los quince y los veintinueve años. Según este estudio, el 97% de los miembros de la NAE se hicieron cristianos antes de cumplir treinta años de edad.

El sistema de creencias de un niño, su cosmovisión, está casi completamente formado a los doce años. Antes de que un niño se convierta en adolescente, su comprensión del mundo, sus puntos de vista sobre Dios, sus perspectivas sobre la moralidad, sus convicciones sobre Jesús y una larga lista de otros temas están ya casi definidos.

Retrasar la formación doctrinal, dejar el discipulado en manos de pastores o la escuela, o evitar los temas difíciles suele conducir al desastre espiritual. No obstante, es importante señalar que una educación temprana no garantiza que un niño acepte a Cristo o viva bíblicamente, ya que es el poder del evangelio, y no los métodos correctos, lo que cambia el corazón. Con todo, es sabio reconocer y utilizar los patrones y principios de la Escritura, así como los recursos que nos ayudan a moldear las creencias de la próxima generación.

La cosmovisión bíblica es importante. Merece que le dediquemos nuestro tiempo y atención. Su importancia deriva de que todo niño se encuentra en proceso de desarrollar sus creencias sobre Dios, la creación, el pecado, el infierno, la salvación, el matrimonio, el sexo y un largo etcétera. Sus creencias sobre estos temas determinarán sus decisiones vitales y su destino eterno. Comprometámonos a formar a los niños para que piensen y vivan bíblicamente. Mi objetivo en este libro es equiparle para esa tarea.

---

6 National Association of Evangelicals, "When Americans Become Christians", visitado el 26 de marzo del 2019, https://www.nae.net/ when-americans-become-christians/?inf_contact_key=3fe6d503a91e14eb09034cd02b6b233081cb00e0c63e6f917e88c5746d3481dd

Guía de estudio

¿Qué dice la Escritura?

- Salmos 119:152
- Colosenses 1:10-14

Puntos clave y preguntas para el debate

Tener una cosmovisión bíblica es tan vital que merece nuestra atención y nuestros recursos. Este capítulo expone seis razones por las que es necesario que las familias cultiven una cosmovisión bíblica. Analice las razones que se enumeran a continuación y seleccione un pasaje bíblico apropiado para cada una de ellas.

1. *La Biblia proporciona sabiduría para la vida.*

   La doctrina de la suficiencia se fundamenta en el principio reformado de «Solo la Escritura». La Biblia nos proporciona todo lo necesario para la salvación en Jesús, para conformarnos a la imagen de Cristo, para la obediencia a los mandamientos de Dios y para la vida piadosa. ¿Recuerda algún momento de su vida en el que la Biblia le haya guiado a escoger qué decisión tomar? Lea y analice al menos uno de los siguientes pasajes:

   - 2 Timoteo 3:14-17
   - 2 Pedro 1:3-4
   - Proverbios 4:5-7

2. *La Biblia es el fundamento de una fe perdurable en Jesús.*

   ¿Cuál fue su experiencia al crecer? ¿Qué impacto tuvo la acción o inacción de sus padres en su desarrollo espiritual? Lea y discuta los siguientes pasajes de apoyo a la afirmación mencionada arriba:

   - Deuteronomio 4:9
   - Deuteronomio 6:7
   - Salmo 78:5-7

3. *La Biblia nos proporciona las verdades que necesitamos para defendernos de las falsas enseñanzas.*

   Para que nuestros hijos tengan una fe bien arraigada, debemos enseñarles las verdades fundamentales de la Escritura. También debemos desenmascarar las falsas enseñanzas. ¿Qué dicen sobre ellas los siguientes pasajes?

   - Colosenses 2:6-8
   - 2 Corintios 10:5-6

4. *La Biblia nos ofrece respuestas sólidas a las grandes preguntas de la vida.*

   A lo largo de la historia, los seres humanos se han planteado las grandes preguntas de la vida: ¿Quién soy? ¿De dónde vengo? ¿Por qué estoy aquí? Reformule las respuestas a cada una de estas preguntas en un lenguaje adecuado para los niños. Utilice los siguientes pasajes de la Escritura:

   - Génesis 1:26-27
   - Salmos 139:13-16
   - 1 Corintios 10:31

5. *La Biblia nos proporciona lo que necesitamos para servir a Cristo.*

   El mundo necesita agentes del evangelio, llenos del aroma de Cristo, que abunden en la obra del Señor. Una cosmovisión bíblica equipa a los niños para servir a Dios por medio de los dones que Él les ha dado. ¿Qué nos dicen los siguientes versículos sobre el servicio al Señor?

   - 1 Pedro 4:10
   - Colosenses 3:23-24

✔ Conclusión

El sistema de creencias de un niño, su cosmovisión, está ya casi completamente formado a la edad de doce años. Retrasar la formación doctrinal, renunciar al discipulado en las iglesias o las escuelas o evitar los temas difíciles es una receta para el desastre espiritual. La enseñanza temprana no garantiza que un niño vaya a aceptar a Cristo o a vivir bíblicamente, ya que es el poder del evangelio —y no los métodos correctos— lo que transforma el corazón. Sin embargo, es sabio reconocer y utilizar los patrones y principios de la Escritura, y los recursos que nos ayudan a formar las creencias de la próxima generación.

2

¿Qué es la cosmovisión bíblica?

Una cosmovisión es un conjunto de creencias sobre la vida que determina nuestra manera de vivir

Creación. Matrimonio. Divorcio. Jesús. Género. Educación. Aborto. Paternidad. Islam. Inmigración. Vacunas. Biblia. Cambio climático. ¿Ha generado alguna de estas palabras una respuesta en su mente? ¿Al leer alguna de ellas, ha manifestado en silencio su acuerdo o su desacuerdo? ¿Ha surgido alguna convicción personal en su interior? ¿Y si convertimos en preguntas algunas de estas palabras?

- ¿Contiene errores la Biblia?
- ¿Qué es el matrimonio?
- ¿Está permitido el divorcio?
- ¿Qué papel le corresponde desempeñar al gobierno?
- ¿El sexo lo determina la biología o se puede elegir?
- ¿Cuál es el propósito de la educación?
- ¿Causan autismo las vacunas?

Su respuesta a cada una de estas preguntas representa una parte de su cosmovisión. Cada uno de nosotros tiene una cosmovisión, y esta es una forma de resumir lo que creemos que es verdad, lo cual determina nuestra forma de vivir. Si creemos que las vacunas causan autismo, no vacunaremos a nuestros hijos. Si creemos que el género de una persona se descubre y no está predeterminado, entonces animaremos a los niños a explorar su identidad de género para aprender quiénes son. Si creemos que el divorcio no es una opción, resolveremos los conflictos y nos comprometeremos a la fidelidad matrimonial de por vida.

Lo que usted crea sobre las vacunas, el género y el divorcio tendrá consecuencias muy reales para sus hijos; y lo mismo podría decirse de una larga lista de temas. En definitiva, esto es lo que me gustaría dejar claro: *nuestras creencias importan y eso hace que la cosmovisión sea importante.*

La cosmovisión se ha definido de muchas maneras diferentes. La más común es referirse a la cosmovisión como la lente a través de la cual vemos el mundo. Aunque esta visión es útil desde una perspectiva conceptual, no es lo suficientemente descriptiva como para ayudarnos a comprender plenamente el tema. Transmite la falsa impresión de que cambiar de cosmovisión es tan fácil como ponerse unas gafas nuevas, lo que, por supuesto, no es verdad.

También se ha definido la cosmovisión como una explicación e interpretación del mundo, así como una aplicación de dicha visión a la vida. Se trata de una forma intelectual de decir que la cosmovisión es lo que uno cree y la forma en la que vive.

Una cosmovisión bíblica es un conjunto de creencias, suposiciones o valores basados en la Biblia que determinan cómo vive una persona. El objetivo de la formación en cosmovisión es moldear las creencias con la Biblia, a fin de equipar al individuo para que pueda aplicar la verdad de Dios a su vida, en beneficio del prójimo y para la gloria del Señor. El evangelio constituye de por sí una cosmovisión bíblica completa. La cosmovisión cristiana se basa en una visión general de la Biblia y se desarrolla enseñando a los jóvenes todo el consejo de la Palabra de Dios y llevando una vida digna de imitación, a semejanza de la de Cristo. No es una disciplina abstracta y académica, cuyo propósito sea ganar debates o hacer alarde de inteligencia; por el contrario, es una forma de resumir la verdad transformadora de la Biblia, con un enfoque profundo y específico en el evangelio.

Me gusta resumir la cosmovisión bíblica en cuatro palabras: *creación, rebelión, salvación y restauración.* Estas cuatro verdades bíblicas constituyen el marco que permite que la fe de un joven esté *arraigada y sobreedificada en Cristo* en lugar de ser destruida por las ideas humanas (Col 2:7-8). Además, son verdades que responden a las grandes preguntas de la vida.

- ***La creación: Dios hizo bueno el mundo*** (Gn 1:1). Él es el origen de todas las cosas (Col 1:16) y creó todo para su gloria y nuestro disfrute. ¿De dónde procede el mundo? ¿Cuál es mi propósito en la vida? ¿Qué significa ser humano? ¿Qué plan tiene Dios para el hombre y cuál es su plan para la mujer? ¿Qué es el matrimonio?
- ***La rebelión: El pecado hizo gemir al mundo*** (Ro 8:22). Hubo una gran rebelión contra el Creador que dio lugar al pecado, el cual distorsiona nuestra capacidad de comprender el mundo al margen de la gracia restauradora de Dios (Gn 3; Ro 3:23). El pecado nos vuelve ciegos y sordos. El pecado puso al mundo entero bajo una maldición, nos separa de Dios y tiene como consecuencia el castigo eterno para los que rechazan a Cristo. ¿Qué es la verdad? ¿Qué es el pecado? ¿Qué le pasa al mundo? ¿Por qué sufro?

- ***La salvación: Jesús pagó la pena por el pecado*** (Jn 3:16). Jesús murió en la cruz para pagar el castigo que merecíamos por nuestros pecados. Jesús es el camino, la verdad y la vida. Él revirtió los efectos de la caída. Hemos sido llamados a caminar en obediencia y no conformarnos al mundo, sino ser transformados mediante la renovación de nuestra mente (Ro 12:1-2). Nuestro objetivo es alcanzar una perfección semejante a la de Cristo (Col 1:28-29) y ejercitarnos para la piedad (1 Ti 4:7). ¿Cuál es la solución a los problemas del mundo? ¿Qué es el evangelio? ¿Quién es Jesús? ¿Qué debe hacer una persona para salvarse? ¿Qué es el discipulado? ¿Cómo puedo tomar decisiones sabias? ¿Cómo debo vivir?
- ***Restauración: Dios hará nuevo el mundo*** (2 Co 5:17). Jesús venció al pecado y a la muerte. Tenemos esperanza en el Dios vivo que restaurará todas las cosas y creará un cielo y una tierra nuevos donde reinará para siempre, donde no haya dolor ni tristeza (Ap 21:5). Dios no solo nos salvó de algo, también nos salvó para algo: para reanudar la tarea para la que fuimos originalmente creados. Servimos a Dios utilizando los dones que Él nos dio. Le damos gloria cuando reflejamos su carácter ante los demás. Vivir a la luz de la eternidad nos recuerda que la vida tiene un propósito mayor que nuestra propia felicidad. Encontramos el gozo cuando amamos y obedecemos a Jesús. ¿Cómo puedo ser feliz? ¿Dónde encontraré esperanza y alegría? ¿Qué ocurre después de la muerte? ¿Hay algo por lo que merezca la pena vivir? ¿Cómo debo emplear mi tiempo, mis talentos y mis bienes?

El mundo secularizado se opone agresivamente a estas verdades fundamentales y trata de convencer de forma activa a los jóvenes para que adopten otro sistema de creencias que, en última instancia, destruirá su fe en Cristo. A través de los medios de comunicación, de sus compañeros y del sistema educativo, los niños se enfrentan diariamente a una cosmovisión secular que podría resumirse como un humanismo secular («el hombre es dios») con un creciente aprecio por el socialismo («el Gobierno es dios»). El humanismo sustituye el gran relato divino por estas cuatro palabras: *naturalismo, relativismo, ateísmo* y *materialismo*. Si se interiorizan las grandes mentiras del mundo, se convierten en creencias que quebrantan la fe y alejan a los jóvenes de Jesús.

A la cosmovisión bíblica le preocupa conocer la verdad y vivir de acuerdo con ella. Pilato le hizo una pregunta a Jesús, quizá la más importante de todos los tiempos: «¿Qué es la verdad?». La verdad es el relato correcto de la realidad, que procede de Dios. Por el contrario, a Satanás se le conoce como el padre de la mentira, el cual busca engañar y destruir. El cristiano cree seis cosas sobre la verdad:

1. *La verdad existe*. Es real. No depende del consenso individual o mayoritario. La verdad existe tanto si una persona la cree como si no. El salmista afirma: «La suma de tu palabra es verdad, y eterno es todo juicio de tu justicia» (Sal 119:160).
2. *La verdad se puede conocer*. Juan 8:32 dice: «y conoceréis la verdad, y la verdad os hará libres».
3. *Toda la verdad procede de Dios y da testimonio de Él*. Cuando alguien descubre una verdad, inicia un camino que puede llevarlo a descubrir al Creador de toda la verdad.

4. *La verdad es eterna.* No cambia ni se crea. Jesús afirma: «El cielo y la tierra pasarán, pero mis palabras no pasarán» (Mt 24:35).
5. *La verdad es una persona.* Jesús dijo de sí mismo: «Yo soy el camino, y la verdad, y la vida; nadie viene al Padre, sino por mí» (Jn 14:6).
6. *La Biblia es la autoridad final en lo que respecta a la verdad.* La Biblia funciona como una vara de medir; es el estándar de la verdad y la norma con la que deben probarse los pensamientos y las ideas humanas (1 Tes 5:21). Todas las afirmaciones de conocimiento y creencias deben ser moldeadas por la Biblia y someterse a su escrutinio. La Biblia es nuestra plomada.

Si queremos que los niños conozcan la verdad, vivan según el camino y tengan vida eterna, la cosmovisión debe importarnos. La cosmovisión es un discipulado que moldea las creencias del joven, su forma de vida y determina el lugar en el que pasará la eternidad. El enfoque principal de la cosmovisión es la evangelización y el discipulado de los jóvenes. Las dos grandes preguntas son: ¿quién está hoy enseñando y discipulando a su hijo? y ¿cuáles son las creencias que lo están moldeando?

¿Cuál es su cosmovisión?

Muchos adultos cristianos no tienen una inequívoca cosmovisión cristiana. Hay una pregunta importante que debería hacerse: ¿Se corresponde mi forma de ver el mundo con la descripción que Dios hace de él en la Biblia? No podemos proporcionar una cosmovisión bíblica a un niño si no la tenemos nosotros mismos. Aunque el objetivo de este libro es capacitarle para ayudar a un niño a desarrollar una cosmovisión bíblica, es posible que deba empezar por desarrollarla usted mismo.

Para entender qué cosmovisión tiene su hijo, plantéese tres preguntas:

- *¿Qué es lo que considera verdad su hijo?* ¿Sabe usted lo que cree su hijo respecto a la Biblia, Jesús, el matrimonio, el sexo, el infierno y la salvación? El objetivo de todo padre, abuelo, pastor y maestro debería ser moldear con la Biblia las creencias de los niños.
- *¿Qué autoridad moldea esas creencias?* Todo niño busca una autoridad que le indique lo que es verdad. La autoridad que elija determinará sus creencias y su forma de vida. Aunque son muchas las fuentes de autoridad a las que recurren las personas, algunas de las más comunes son la ciencia, la psicología, el gobierno, las convenciones sociales o la Biblia.
- *¿Qué forma de vivir tiene su hijo?* El hecho de que un niño conozca las respuestas correctas no significa que haya aceptado a Cristo o que crea en la Biblia. El comportamiento de un niño revela sus verdaderas creencias. Preste mucha atención a las aficiones y prioridades de un niño, así como al fruto de sus actos.

Uno de los objetivos centrales de la formación en cosmovisión bíblica es moldear las creencias de los jóvenes por medio de la Biblia (2 Ti 3:16). La Biblia habla de la importancia de que los jóvenes aprendan las verdades bíblicas, con el fin de dar firmeza a sus creencias (2 Ti 3:14-15) y evitar las filosofías engañosas que conducen a una vida desordenada (Col 2:8, 20-23). La Biblia también dice que un niño debe recibir la instrucción de sus padres para no ser esclavizado por el pecado (Pro 1:8-10; 3:5-7), así como escuchar las enseñanzas de los abuelos, que conducen a la esperanza en

Cristo y a la obediencia a Dios durante toda la vida (Sal 78:4-8).

Debemos formar a los jóvenes para que amen la Palabra de Dios, confíen en la Palabra de Dios y vivan según la Palabra de Dios. Puede que un niño no conozca la respuesta a una pregunta, pero si le enseñamos a estudiar la Biblia, sabrá dónde debe buscar para encontrarla. El desarrollo de una cosmovisión bíblica se logra enseñando a los jóvenes a plantearse este tipo de pregunta: «¿Qué dice la Biblia sobre ________?».

Muchos jóvenes cristianos no están adecuadamente preparados para manejar el aluvión de puntos de vista seculares que se vuelca sobre ellos, y a menudo se les deja que disciernan por sí mismos si lo que oyen es cierto. Esta combinación puede resultar letal en niños de naturaleza confiada, inseguros acerca de las enseñanzas de la Biblia y carentes de figuras de autoridad que les comuniquen la verdad de Dios. Debido a ello, muchos niños absorben una cosmovisión no bíblica, incluso a pesar de querer seguir a Cristo.

Hay mucho en juego. El destino eterno de cada niño dependerá de lo que crea acerca de Jesús. Sus creencias determinarán las principales decisiones que tome en su vida, como las que mencionamos al principio de este capítulo. Debemos recordar, que la sociedad discipula con gran celo la mente. Por ello, a nosotro nos corresponde la tarea crucial de discipular a los niños con una cosmovisión bíblica, algo que solo sucederá si integramos la Biblia en todas las actividades del hogar, la iglesia y la escuela. A menos que los niños estén bien cimentados en las Escrituras, acabarán pareciéndose más a la sociedad que a Cristo. Para desarrollar una fe profunda, duradera y transformadora de la sociedad, los niños necesitan las palabras de la Escritura y su poder de conmover el alma y moldear la vida.

Guía de estudio

¿Qué dice la Escritura?

- Salmos 119:127-128
- Colosenses 2:6-8

Puntos clave y preguntas para el debate

La verdad de Dios proporciona el marco para una cosmovisión bíblica y ayuda a los jóvenes a responder a las preguntas fundamentales de la vida. La perspectiva secularista se opone a la verdad de Dios. Analice por qué es esencial enseñar a nuestros hijos las cuatro áreas básicas bíblicas que se enumeran a continuación.

1. *Creación (secularista: evolución)*
    - Dios creó bueno el mundo (Gn 1:1)
    - Dios es la única fuente de todas las cosas (Col 1:16)
2. *Rebelión (secularista: relativismo)*
    - El pecado hizo que el mundo gimiera (Ro 8:22)
    - El pecado puso al mundo entero bajo maldición y nos separa de Dios (Ro 3:23)
3. *Salvación (secularista: varias religiones; universalismo)*
    - Jesús pagó la pena por el pecado (Jn 3:16)
    - Recibimos una nueva vida en Cristo a través de la fe en Él (Ga 2:20)

4. *Restauración (secularista: utopismo)*

- Dios renovará el mundo (2 Co 5:17)
- Tenemos la esperanza de un futuro perfecto con Dios en el cielo (Ap 21:5)

A Satanás se le conoce como el padre de la mentira (Jn 8:44). El mundo secularista, a través de su líder, se opone agresivamente a las verdades fundamentales de la Escritura. El mundo trabaja activamente para convencer a los jóvenes de que abracen un sistema de creencias totalmente contrario a la verdad de Dios. Por eso, uno de los objetivos centrales de la formación en cosmovisión bíblica es moldear las creencias de los jóvenes por medio de la Biblia (2 Ti. 3:14-16).

¿ Preguntas para el debate

1. ¿Qué cree su hijo/a, o nieto/a, o alumno/a respecto a la salvación? ¿Podría mencionar algunas maneras efectivas de explicar con exactitud nuestra condición de perdidos, la necesidad de salvación y la fuente de redención?
2. ¿Qué cree su hijo/a, o nieto/a, o alumno/a respecto al infierno? ¿Quién promueve esa visión del infierno o, en su caso, quién intenta impedirla?
3. ¿Qué cree su hijo/a, o nieto/a, o alumno/a sobre el tema del género? ¿Quién o qué ha promovido en él o ella esa opinión respecto a las actuales cuestiones de género?
4. ¿Cuáles son algunas de las fuentes que influyen hoy en las creencias y comportamientos de su hijo/a, o nieto/a, o alumno/a?
5. La Biblia dice que los niños deben ser instruidos por sus padres para no ser esclavizados por el pecado.

- Según Proverbios 1:8-10, ¿cómo deben responder los niños al engaño del pecado?
- ¿A qué se refiere Proverbios 3:5-7 cuando habla de ser «sabio en tu propia opinión»?
- Según Salmos 78:4-8, ¿cuál es el beneficio de enseñar la Palabra de Dios?

✓ Conclusión

Hay mucho en juego. El destino eterno de cada niño depende de lo que crea acerca de Jesús. Tenemos la tarea crucial de discipular a los niños con una cosmovisión bíblica. Para ello debemos integrar la Biblia en todo lo que hacemos, ya sea en el hogar, en la iglesia o en la escuela. A menos que los niños estén bien cimentados en la Escritura, acabarán pareciéndose más a la cultura secularista que a Cristo.

3

¿Quién moldea la cosmovisión de un niño?

Las cinco mayores influencias en la vida de un niño

¿Quiénes son las personas más influyentes en la vida de un joven? Un estudio de Barna Group quiso conocer la respuesta a una cuestión similar y preguntó lo siguiente a 602 adolescentes: «¿A quién, además de a tus padres, admiras más como modelo a seguir?».[1] Según Barna, las cinco figuras que más influyen en la vida de los jóvenes son (1) los padres, (2) otros miembros de la familia, normalmente los abuelos, (3) los profesores y entrenadores, (4) los amigos y (5) los pastores o líderes religiosos.

Después de los padres, la siguiente persona con mayor influencia potencial en la vida de un niño es un abuelo, no un profesor, un compañero o un pastor. Las dos mayores influencias en la vida de un niño se encuentran en el hogar, lo que nos recuerda que Dios diseñó el discipulado familiar como la manera principal de ayudar a un joven a conocer, amar y servir a Jesús. La tercera influencia más impactante sobre los jóvenes son los educadores.

1 The Barna Group, "Teen Role Models: Who They Are, Why They Matter", 31 de enero del 2011, visitado el 22 de diciembre del 2018, www.barna.org/ barna-update/ millennials/467-teen-role-models#.V6tVFjqdLzI.

Después de la familia, la educación se ha convertido en la mayor influencia espiritual sobre ellos. Los compañeros ocupan el cuarto lugar de la lista, lo que sugiere que su influencia es menor de lo que solemos percibir. La iglesia ocupa el quinto lugar de influencia en la vida de un joven. Este hallazgo no minimiza el papel ordenado por Dios para la iglesia, pero sí nos recuerda que debemos expandir nuestra visión del discipulado más allá de los muros de la iglesia.

Cuando se preguntó a los adolescentes qué los llevaba a considerar como influyente a una persona determinada, indicaron las siguientes razones: la persona era digna de imitación; querían seguir los pasos de la persona elegida; esa persona estaba presente cuando la necesitaba; o era alguien que se interesaba por el futuro de ese adolescente. Para bien o para mal, los jóvenes imitan a las personas que mejor conocen y que más se preocupan por ellos.

Puede sonar simplista, pero las personas que más influyen en los jóvenes suelen ser aquellas que más tiempo invierten en sus vidas. Al analizar las cinco fuentes de influencia mencionadas por Barna percibo su lógica. Las cinco personas más influyentes son las que están más tiempo con los jóvenes a lo largo de su vida.

Los niños absorben las creencias de aquellos que los rodean desde los primeros días de su vida. Las creencias de una persona suelen ser inconscientes y heredadas. Los niños se convierten en aquellos con los que están más tiempo. Por lo tanto, haríamos bien en ser selectivos acerca de con quién pasan tiempo nuestros hijos y en prestar mucha atención a nuestras propias vidas para poder decirle a un joven: «Sed imitadores de mí, así como yo de Cristo» (1 Co 11:1). En las siguientes páginas, exploraremos las mayores influencias en la vida de un niño.

Las instituciones que influyen en la cosmovisión

Dios creó dos grandes instituciones encargadas de la evangelización y el discipulado de los niños: la iglesia y el hogar. Bíblicamente, la educación es responsabilidad de los padres, no de una institución. A la iglesia se le asigna un papel de apoyo. Veamos un poco más acerca de estas y otras instituciones:

- *La familia:* Dios otorgó a padres y abuelos, respectivamente, el primer y el segundo papel en la formación de discípulos. El libro de Salmos ofrece una visión multigeneracional de la familia: «[que evangelicen a sus hijos] a fin de que pongan en Dios su confianza, y no se olviden de las obras de Dios; [sino que los discipulen para] que guarden sus mandamientos, y no sean como sus padres, generación contumaz y rebelde» (Sal 78:7-8). El objetivo de los padres y los abuelos es la salvación y la santificación de los niños, y su perfección a semejanza de Cristo (Col 1:28-29).
- *La iglesia:* Dios dio a las iglesias el papel de equipar a las familias para que discipulen a los niños. «Por tanto, id, y haced discípulos a todas las naciones, bautizándolos en el nombre del Padre, y del Hijo, y del Espíritu Santo; enseñándoles que guarden todas las cosas que os he mandado» (Mt 28:19-20a). Hacer discípulos comienza en casa, luego se desplaza al otro lado de la calle y finalmente se proyecta a todo el mundo.
- *La escuela o colegio:* Dios ha dado a los padres la responsabilidad de enseñar a los hijos, y eso es lo que hacen muchas familias hoy en día en colaboración con organizaciones educativas. «El discípulo no es superior a su maestro; mas todo el que fuere perfeccionado, será como su maestro» (Lc 6:40).

- *Los medios de comunicación*: Estos ejercen una fuerte influencia en las creencias de los niños, pero dado que los medios de comunicación no son personas ni instituciones ordenadas por Dios, quedan fuera del ámbito de este capítulo. El libro *Tech wise family*, de Andy Crouch, ofrece una excelente orientación sobre este tema.

Uno de los discípulos más famosos de la Biblia es Timoteo y conviene tomar nota de las influencias que lo moldearon hasta convertirlo en un hombre de Dios. En 2 Timoteo 3:14-15, Pablo señala que las firmes convicciones de Timoteo fueron el resultado de lo que aprendió, de cómo aprendió y de quién aprendió. ¿De quién aprendió Timoteo? Timoteo proporciona un ejemplo de discipulado basado en la Escritura que combina las influencias de una madre (Eunice), una abuela (Loida) y un mentor espiritual (Pablo) (2 Ti 1:5). Cuando un niño tiene estas tres influencias espirituales hay más posibilidades de que su fe dure toda la vida. Sabemos que la influencia de las figuras masculinas del padre y el abuelo es poderosa, pero este pasaje muestra que incluso cuando no se cuenta con todo el ideal de Dios, el niño también puede crecer para conocer, amar y servir a Cristo.

Muchas familias y líderes eclesiásticos bienintencionados tienen una teología del discipulado que no refleja el modelo ni la práctica de la Escritura. Durante los últimos cincuenta años, muchos pastores han actuado como si la iglesia fuera la principal influencia en la vida de los niños, y han hecho poco para preparar a los padres, al tiempo que ignoraban a los abuelos y los educadores. Debemos alinear nuestras prácticas de discipulado con las Escrituras e implementar una estrategia, para alcanzar y discipular a los jóvenes, edificada en torno a los padres, los abuelos, los maestros y la iglesia.

Influencias que moldean la cosmovisión bíblica de los niños

1. Los padres

Se necesita una familia para desarrollar una cosmovisión bíblica. Las perspectivas sobre la vida y la visión del mundo se forman principalmente en el hogar durante la infancia y la adolescencia. Es a los padres y los abuelos, no a los pastores o a los maestros, a quienes Dios ha entregado la responsabilidad principal de discipular a los niños. La iglesia y la escuela son colaboradores importantes para este fin, pero su papel es de apoyo y no deben sustituir al hogar.

Según la Biblia, los padres son los principales encargados de discipular a los hijos para que alcancen la madurez en Cristo. Considere los siguientes pasajes que hablan sobre el papel designado por Dios a los padres en la transmisión de una herencia de fe a las generaciones futuras:

- «Y las repetirás a tus hijos, y hablarás de ellas estando en tu casa, y andando por el camino, y al acostarte, y cuando te levantes» (Dt 6:7).
- «Contando a la generación venidera las alabanzas de Jehová, y su potencia, y las maravillas que hizo» (Sal 78:1-8).
- «Oye, hijo mío, la instrucción de tu padre, y no desprecies la dirección de tu madre» (Pro 1:8).
- «Padres... [a vuestros hijos] criadlos en disciplina y amonestación del Señor» (Ef 6:4).

Los estudios de opinión revelan que los padres saben que su trabajo es discipular a sus hijos, pero esta comprensión no se traduce en una actividad sistemática en el hogar. Un estudio de Barna afirma: «Habitualmente, la mayoría de los padres no dedican ningún tiempo durante la semana a comentar asuntos religiosos o a estudiar materiales religiosos con sus hijos. [...] Los padres no suelen tener un plan para el desarrollo espiritual de sus hijos; no lo consideran una prioridad y tienen poca o ninguna formación sobre cómo alimentar la fe de un niño»[2]. La mayoría de los padres carecen de un plan bíblico que honre a Dios y el discipulado no ocupa un lugar importante en su hogar.

Padres, si este es su caso, no escribo esto para que se sientan culpables. A veces necesitamos un recordatorio amable que nos motive a la acción. Nuestros hijos van a ser discipulados por alguien. Si nosotros no estamos haciendo el discipulado, serán otros los que los discipulen, y hay una buena probabilidad de que desarrollen creencias y estilos de vida no bíblicos. Si usted no lee con regularidad la Biblia en casa, no comenta temas basados en la Biblia y no alimenta la fe de sus hijos, entonces necesita hacer de esta área de crecimiento personal su principal tarea.

Como padre, lo que usted hace es importante, pero aún más importante es quién usted es. Deuteronomio 4:9 dice a los padres: «guarda tu alma con diligencia»; y luego añade: «enseñarás a tus hijos». La combinación de una fe digna de imitación más el hábito de enseñar y formar a nuestros hijos es sumamente poderosa. Los hipócritas rara vez producen los resultados que desean. Diversos estudios han descubierto que cuanto más concuerda el comportamiento de un padre con lo que dice, mayor es la probabilidad de que su hijo siga a Cristo. Un amplio estudio realizado con más de 5000 ateos descubrió que este es el factor que mejor predice el motivo por el que los hijos de hogares cristianos se alejan de Cristo:

---

2 George, Barna, "Parents Accept Responsibility for their Child's Spiritual Development but Struggle with Effectiveness", 6 de mayo del 2003, visitado el 11 de octubre del 2016, https://www.barna.com/research/ parents-accept-responsibility-for-their-childs-spiritual-development-but-struggle-with-effectiveness/.

«Cuanto menos practican los padres sus creencias religiosas, más probabilidades tienen sus hijos de alejarse de la fe»[3]. La influencia de los padres tiene mucho poder.

Discipulado familiar

Hay un número alarmantemente alto de jóvenes que nunca han sido discipulados. Son jóvenes que conocen retazos de la verdad, pero a los que nunca se les ha enseñado la Biblia de forma exhaustiva. Debido a ello, carecen de una cosmovisión bíblica. Por ejemplo, casi todos los jóvenes criados en un hogar cristiano saben que Cristo murió por ellos, pero muchos son incapaces de explicar las doctrinas relacionadas con la muerte de Cristo, como la justificación, la redención, la propiciación y la reconciliación. Los niños necesitan conocer a fondo los personajes, temas e historias clave de la Biblia, así como las doctrinas centrales del cristianismo. También necesitan que se les enseñe a pensar bíblicamente sobre la economía, la justicia, la amistad, el género y los demás aspectos de la vida.

Es importante ayudar a los jóvenes a comprender que el cristianismo es una forma de vida integral. Los domingos por la mañana se les enseña que las cosas espirituales ayudan y tienen que ver con la salvación, pero no cómo deben trasladarlas a su vida cotidiana. Debemos ayudar a los jóvenes a ver la conexión entre lo que creen y su forma de vivir. Cuando reducimos la Biblia a un montón de historias moralizantes o a un mensaje de salvación, limitamos la relevancia de la Palabra de Dios para la vida cotidiana. Muchas familias han fracasado a la hora de ayudar a los jóvenes a ver el cristianismo de una forma integral y significativa.

3 Derek Beres, "When and Why Do People Become Atheists. New Study Uncovers Important Predictors", 31 de agosto del 2018, visitado el 15 de octubre del 2018, https:/ / bigthink.com/21st-century-spirituality/study-discovers-how-and-why-and-whenpeople-become-atheists .

El evangelio no ha tenido el impacto que esperábamos porque no lo hemos conectado con el relato más amplio de la Biblia ni con las verdades doctrinales de la Escritura. Por eso, cuando llega el momento inevitable en que un joven experimenta una prueba en su vida o sus creencias se ven atacadas, su fe sin desarrollar no está a la altura del desafío. Esa es la razón por la que la cosmovisión bíblica es tan importante, porque proporciona una visión integral y robusta centrada en el evangelio e incluye, además, las grandes doctrinas de la fe cristiana que encuentran su fundamento en todo el programa de Dios desarrollado a lo largo de la Biblia.

Es frecuente que las familias depositen en la iglesia o en la escuela cristiana la responsabilidad principal de discipular a sus hijos. Muchos padres discipulan a sus hijos según el modelo que se les aplicó a ellos cuando eran niños, y que consistió simplemente en llevarlos a la iglesia. Según un estudio de Lifeway:

> La mayoría de los niños participan en actividades relacionadas con la iglesia, pero sólo una pequeña parte desarrolla disciplinas espirituales personales y duraderas. La realidad es que los padres externalizan más el desarrollo espiritual de sus hijos de lo que les gustaría reconocer, aunque lo hagan con las mejores intenciones. [...] Es positivo enviar a nuestros hijos a la escuela dominical y a los campamentos bíblicos de verano, pero no deberíamos considerarlo suficiente.[4]

Los padres externalizan el desarrollo espiritual de sus hijos más de lo que creen. Las actividades relacionadas con la iglesia son el principal medio utilizado por los padres para discipular a sus hijos. El 62% de los padres lleva a sus hijos a la iglesia para que asistan a la

4 Jana Magruder, *Nothing Less: Engaging Kids in a Lifetime of Faith*, (Nashville: LifeWay Christian Resources, 2017), p.34.

escuela dominical, al grupo pequeño o a la EBV (Escuela bíblica de verano o vacaciones), mientras que solo el 29% lee regularmente la Biblia con sus hijos en casa.[5]

Hoy en día la iglesia transmite a las familias un mensaje impactante que no tiene fundamento bíblico: el verdadero discipulado tiene lugar en la iglesia a cargo de un profesional pagado. Se anima a las familias a llevar a sus hijos a la iglesia, en lugar de equiparlas para leer y comentar la Biblia en casa. Los resultados han sido desastrosos.

El discipulado de los jóvenes debe realizarse con la colaboración de la iglesia y la escuela o colegio cristiano, pero ninguna de estas valiosas instituciones debe ser la principal influencia discipuladora. Dios ha encargado a los padres la función de criar a sus hijos hasta la madurez en Cristo y es fundamental que actuemos en obediencia al Señor, discipulando con gozo a nuestros hijos.

2. Los abuelos

Dios ha querido que los abuelos sean la segunda mayor influencia en la vida de los niños, colaborando con los padres en el discipulado. El pasaje más representativo sobre el papel de los abuelos es Deuteronomio 4:9: «Por tanto, guárdate, y guarda tu alma con diligencia [...] enseñarás a tus hijos, *y a los hijos de tus hijos* [énfasis añadido]».

La Biblia tiene mucho que decir sobre el papel de los abuelos. En mi libro *Biblical Grandparenting*, ofrezco un esbozo de diez temas bíblicos que resumen la responsabilidad que tienen los abuelos en este asunto.[6] Cada uno de ellos aborda un componente distinto del plan de Dios para ellos y, en conjunto, ofrecen un amplio panorama de

---

5 Ibid., pp.35-36.

6 Josh Mulvihill, *Biblical Grandparenting: Exploring God's Design for Disciple-Making and Passing on Faith to Future Generations* (Bloomington, MN: Bethany House Publishers, 2018), p.27.

su función como formadores de discípulos, con la clara tarea de transmitir la fe en Jesucristo a las generaciones futuras.

DIEZ TEMAS BÍBLICOS

Tema bíblico	Responsabilidad de los abuelos
Los abuelos han heredado una fe que deben transmitir a sus hijos y a los hijos de sus hijos (Dt 6:4-9, 12:28; Sal 71:16-18).	Construir un legado de fe mediante la transmisión de enseñanzas bíblicas, tradiciones y fidelidad.
Los abuelos deben dejar una herencia a las generaciones futuras (Pro 13:22; Ecl 7:1).	Proporcionar a hijos y nietos una herencia financiera y una fama digna de honor.
Los nietos son deseables y una corona de gloria en la vida (Sal 128:6; Pro 17:6).	Reconocer el valor de los nietos. Los nietos son un regalo de Dios.
Hay que honrar a los abuelos (Ex 20:12; Pro 23:22; 1 Ti 5:18).	Cada generación tiene el deber de honrar a sus abuelos y cuidar de ellos en la vejez.
Los abuelos que viven en rebeldía contra Dios y sin seguir sus caminos pueden hacer que las generaciones futuras sigan un camino similar (2 R 17:41; Sal 103:17; Dt 4:40; Ex 34:6-7).	Vivir en obediencia a Dios y exhortar a las generaciones futuras a hacer lo mismo, al mismo tiempo que se las advierte de las consecuencias del pecado. Ser una historia viviente digna de imitación.
Los abuelos deben tener una visión multigeneracional de la salvación y la santificación de la familia (Sal 78:1-8; 2 Ti 1:5).	Proclamar el evangelio, dirigir a Cristo y orar por las generaciones futuras.
Los abuelos deben practicar determinadas disciplinas espirituales para transmitir la fe a las generaciones futuras (Dt 4:9; Sal 78:1-8).	Construir una herencia piadosa mediante la enseñanza de las verdades de la Palabra de Dios y la transmisión de la historia de las obras de Dios.

La vejez, etapa de la vida en la que se es abuelo, supone un aumento de nuestra posibilidad de contribuir a Dios y a los demás (Gn 2:15; Sal 92:14-15; Pro 6:6-11; Dt 6:1-2).	Rechazar la idea de que el propósito de la vejez es disfrutar de una vida de ocio y autocomplacencia. Elegir, en lugar de ello, servir a Dios y dar fruto hasta el día de la muerte.
Los abuelos tienen una responsabilidad hacia la iglesia, que incluye el discipulado de los hombres y mujeres más jóvenes (Tit 2:1-6).	Las generaciones mayores deben formar a las generaciones jóvenes, proporcionándoles sabiduría, orientación e instrucción bíblicas.
La vejez es un signo del favor de Dios y algo que celebrar (Sal 90:9-10; Pro 16:31 o 20:29).	Las generaciones mayores deben formar a las generaciones jóvenes, proporcionándoles sabiduría, orientación e instrucción bíblicas.

Dios ha asignado a los abuelos un papel en la familia como discipuladores de sus hijos y sus nietos. Los nietos necesitan abuelos activos que se involucren en la batalla por los corazones y las mentes de la próxima generación. Si usted es abuelo, sus mejores días no han pasado y su influencia es importante. Le animo a verse a sí mismo como la palmera de Salmos 92: «El justo florecerá como la palmera [...]. Aun en la vejez fructificarán; estarán vigorosos y verdes, para anunciar que Jehová mi fortaleza es recto, y que en él no hay injusticia» (Sal 92:12,14-15). La vejez no disminuye su capacidad de dar fruto, sino que la aumenta.

La sociedad dice a los abuelos que vivan una vida indulgente e independiente, pero esa visión antibíblica debe rechazarse. Los abuelos deben desechar el mensaje cultural de que su trabajo consiste en mimar a los nietos y ser, en cambio, un buen modelo de conducta. A los abuelos se les ha dado un papel mucho más importante que el de solo orar y jugar con sus nietos.

Hijos adultos, a sus padres les corresponde ejercer un papel bíblico con los nietos; por lo tanto, está mal impedirles el paso. Ustedes son los guardianes de la puerta y es importante que la abran. Sé que hay dinámicas complejas en cada familia, así que esto es algo que debe hacerse con sabiduría y discernimiento. Algunos estudios sugieren que se necesitan cinco adultos en la vida de un niño para ayudarlo a madurar en la fe. Dios ha dispuesto seis, dos padres y cuatro abuelos. Si aún no colaboran entre sí en el discipulado de los niños, este podría ser el siguiente paso para ustedes. Tengan una conversación, hablen de sus expectativas, compartan sus deseos y resuelvan las tensiones en la relación. Provean formas en las que sus padres puedan invertir espiritualmente en sus nietos.

Si busca recursos adicionales sobre este tema, he escrito o editado siete libros sobre la crianza cristiana de los nietos por parte de los abuelos, todos han sido publicados solo en inglés: *Biblical Grandparenting* es una obra académica para lectores muy interesados, líderes y estudiantes de seminario. Es un resumen de mi tesis doctoral. *Grandparenting* es ideal para el estudio individual de la Biblia, grupos pequeños y clases bíblicas. *Equipping Grandparents,* un libro de cómo poner en marcha un ministerio de abuelos. *Long-Distance Grandparenting* plantea cómo discipular a un niño cuando vive lejos. *Overcoming Grandparenting Barriers,* el libro explica cómo superar los obstáculos para la crianza de los nietos; qué hacer cuando existen barreras emocionales, espirituales o físicas. *Grandparents Raising Grandchildren,* este libro aborda la problemática de los abuelos que se ven obligados a ejercer el papel de los padres. Y *Discipling Grandchildren* contiene ideas prácticas para ayudar a los abuelos a poner en práctica (Deuteronomio 6).

3. La escuela

Desde el jardín de infancia hasta el onceavo o duodécimo curso, los niños pasan unas 16 000 horas en la escuela. Eso quiere decir que dedican a la escuela casi sesenta veces más tiempo que a la iglesia. Un ámbito de su vida tan significativo merece nuestra atención.

Por desgracia, muchos pastores evitan el tema de la educación porque no quieren ofender a los padres. Son numerosos los padres que no han reflexionado a fondo sobre lo que dice la Biblia acerca de la educación y no han analizado qué cosas aprenden sus hijos en la escuela. A continuación, examinaremos brevemente el tema de la educación, pero le animo a que visite renewanation.org para saber más sobre lo que aprenden los niños en las escuelas públicas o privadas y sobre el valor de la educación cristiana como colaboradora en el discipulado de los niños.

Unas palabras sobre la educación

Si usted colabora en una escuela pública como profesor, o como padre o abuelo, es probable que ese hecho influya en la valoración que haga de esta sección. Sepa que mi objetivo no es condenarlo a usted ni juzgar su decisión. Escribo esta sección con el fin de que estemos alerta y no permitamos que la educación destruya la fe en Cristo de nuestros hijos. Para que esta sección le sea útil, permítame adelantarle tres cosas:

1. Espero que considere objetivamente lo que escribo sobre este tema y no se deje influenciar innecesariamente por su experiencia.
2. Mi deseo es que vea el increíble impacto que 16 000 horas tendrán en su hijo, de modo que, si se siente obligado a continuar en el sistema escolar público y también secular privado, redoble sus esfuerzos por discipular a su familia y pueda contrarrestar la enseñanza antibíblica que van a recibir.

3. Si le molesta lo que lee, sepa que no trato de enfadarlo a propósito. Le animo a que lea hasta el final y coteje con la Biblia lo que haya leído. Es muy probable que esta sección le sirva solo como un acercamiento a cierta ideas y que necesite estudiarlas más a fondo. Si desea profundizar más, *Kingdom Education* de Glen Schultz y *Verdad total* de Nancy Pearcey son buenos lugares por los que empezar.

Hoy en día existen varias ofertas educativas: la escuela pública, la privada, la cristiana, la concertada y la educación en casa. Sin embargo, no se trata de escoger entre educación pública o cristiana, o entre la escuela o el hogar. La verdadera cuestión que debemos abordar al hablar de la educación es qué filosofía hay detrás de cada tipo de escolarización. Todas las escuelas se basan en una de estas dos filosofías de la educación: la laica o la bíblica.

La educación laica ignora o niega la existencia de Dios y enseña al niño a desarrollar una cosmovisión secular. Cualquiera de los cinco tipos de escuela mencionados anteriormente puede estar basado en una filosofía laica de la educación. Los colegios cristianos y la educación cristiana en el hogar deberían basarse en una filosofía bíblica de la educación, estar centrados en el discipulado y tener como misión inculcar una cosmovisión bíblica.

Introducción al humanismo laico

Si su hijo o nieto asiste a una escuela pública o secular privada, está inmerso en el humanismo. El humanismo laico es una de las religiones con mayor predominio en Estados Unidos y muchos otros países. Se enseña en todas las escuelas públicas, incluso en las que tienen docentes cristianos. El humanismo secular está presente en las metas educativas y en el plan de estudios de todas las asignaturas, y es absorbido por los niños. Es fundamental que entienda qué es el humanismo secular para que pueda identificarlo, formar a sus hijos para que rechacen la mentira y protegerlos del error.

- Nancy Pearcey afirma: «El secularismo se basa en creencias fundamentales, como el cristianismo. Parte de la creación —normalmente la materia o la naturaleza— cumple el rol de lo divino. De modo que la cuestión no es cuál concepción sea religiosa y cuál concepción puramente racional; la cuestión es cuál es verdadera y cuál es falsa».[7]
- John Dunphy, en *The Humanist* afirma: «La batalla por el futuro de la humanidad debe librarse y ganarse en las aulas de las escuelas públicas por profesores que perciban correctamente su papel como proselitistas de una nueva fe; una religión de la humanidad».[8]
- El humanista Charles Potter escribió: «La educación es, por tanto, el aliado más poderoso del humanismo, y cada escuela estadounidense [o de cualquier país] es una escuela de humanismo. ¿Cómo podrá una escuela dominical teísta, que se reúna durante una hora una vez a la semana y enseñe sólo a una fracción de los niños, frenar la marea de un programa de cinco días de enseñanza humanista?».[9]

El efecto del humanismo secular ha sido marginar a Dios, hacer que la Biblia sea irrelevante para la vida cotidiana y erosionar la fe. El naturalismo y el relativismo se han convertido en sustitutos inconscientes de lo

---

7 Nancy Pearcey, Verdad total: libera el Cristianismo de su cautiverio cultural. Segunda ed. (Texas: Editorial JUCUM, 2023), pp.43-44.

8 John Dunphy, "A Religion for the New Age", *The Humanist* (Jan/Feb, 1983), p.23.

9 Charles F. Potter, *Humanism: A New Religion* (Nueva York: Simon & Schuster, 1930), p.128.

sobrenatural y de la verdad absoluta. He aquí un rápido resumen de las diferencias entre el cristianismo y el humanismo secular.

Cristianismo	Humanismo secular
Dios existe. Él es el centro de todas las cosas.	Dios no existe. El ser humano es el centro de todas las cosas.
Dios creó el mundo.	El universo surgió por azar. No hay ningún diseñador.
Dios creó a los seres humanos a su imagen con un propósito. Los seres humanos existen para glorificar a Dios.	El único fin último de los seres humanos es su propia felicidad.
La humanidad está totalmente contaminada por el pecado y se ha rebelado contra un Dios perfecto.	La humanidad es buena.
Los valores morales proceden de Dios y se revelan en la Biblia.	Los valores morales son relativos. No existen normas absolutas acerca de lo que está bien y lo que está mal.
Jesús es el camino, la verdad y la vida. La salvación se obtiene mediante la fe en Jesús.	Jesús no es Dios. La humanidad tiene el poder de salvar.
La muerte nos conduce a la vida eterna o a la muerte eterna.	La muerte es el fin de la existencia.

La educación nunca es neutral con respecto a la religión. Sencillamente, lo que ha ocurrido es que se ha eliminado a Dios de las aulas y se ha sustituido por el ateísmo, que tiene su propio sistema de convicciones y creencias. El teólogo Gordon H. Clark afirmó: «Un sistema escolar que ignora a Dios enseña a sus alumnos a ignorar a Dios; y no es un sistema neutral, sino que representa la peor forma de antagonismo, ya que juzga a Dios como carente de importancia e irrelevante en los asuntos humanos. Esto es ateísmo».[10]

En el pensamiento humanista secular, Dios se vuelve irrelevante y tendrá poco peso en la vida real de un cristiano. Aunque un joven siga confiándole a Él su salvación,

10 Gordon H. Clark, "A Christian Philosophy of Education", *Trinity Review*, (May, 1998).

Dios pasará a ocupar un lugar distante en su pensamiento. A los jóvenes se les enseñará erróneamente a creer que la Biblia tiene poco que decir sobre la ciencia, la historia, el gobierno, la economía o la justicia. En última instancia, Dios se volverá intrascendente. En el mejor de los casos, pasará a ser un Dios terapéutico, que consuela emocionalmente y proporciona un ejemplo moral de cómo amar a los demás. «Sin Dios», escribe David Wells, «lo único que nos queda es el sentimiento».[11] Wells cree que el resultado del humanismo secular es un ateísmo práctico, que reduce el cristianismo a nada más que los servicios que ofrece o los buenos sentimientos que genera.[12]

La educación pública y secular ha contribuido a crear un dualismo en el que lo sagrado y lo secular se separan en dos esferas diferentes. Dios queda relegado a las devociones religiosas de la vida privada, pero tiene poco valor en la vida pública. La dicotomía es antibíblica, ya que rechaza el señorío de Cristo. La Biblia no presenta dos ámbitos, uno espiritual y otro no. En la Biblia, la educación es un concepto global, basado en la idea de que todos los campos del saber comparten el mismo objetivo: descubrir la verdad divina en un mundo creado por Dios. Cuando se prescinde de la Biblia en la educación, los puntos de vista y los valores del niño quedan moldeados por lo socialmente aceptado en cada momento, algo cada vez más antitético al cristianismo. El epicentro unificador ya no es la verdad bíblica y, por lo tanto, no existe ningún vínculo entre la educación y Dios. A los niños se les transmite una comprensión incorrecta del mundo, de la vida humana y de Dios. Las escuelas públicas sumergen a los niños en el humanismo secular, y los cristianos lo han aceptado, con resultados desastrosos.

---

11 David Wells, *No Place for Truth: Or Whatever Happened to Evangelical Theology?* (Grand Rapids, MI: William Eerdmans, 1993), pp.248-249.

12 Wells, *No Place for Truth*, p.248.

El humanismo eleva al hombre por encima de Cristo. Los seres humanos se convierten en el centro de la educación. Por el contrario, Efesios 1:22 afirma: «[Jesús] sometió todas las cosas bajo sus pies». Colosenses 1:18 declara: «para que en todo [Jesús] tenga la preeminencia». El humanismo elimina a Dios y coloca en su lugar al ser humano. La educación pública estadounidense moderna ya no consiste en que el hombre estudie a Dios, sino en que el hombre estudie al hombre. En lugar de enseñarlos a depositar la fe en Dios, se enseña a los niños a depositar su fe en el ser humano. El ser humano se convierte en el eje en torno al cual se hace girar a Dios y su mundo. Una vez que Dios se convierte en un apéndice incómodo de todo lo que se enseña a los niños, seremos muy ingenuos si pensamos que Dios ocupará un lugar significativo en sus vidas.

El enfoque de la educación humanista, centrado en el ser humano, da lugar a una visión de la vida que tiene como finalidad general la autorrealización, que se convierte en el logro más elevado de la educación pública o secular privada: el individuo autónomo e independiente que solo encuentra sentido y realización en sí mismo. Se anima a los jóvenes a rechazar la ética, a explorar cualquier cosa que les haga felices y a alcanzar todo su potencial mediante la construcción de su propia identidad.

En las aulas de todo el mundo se está librando una batalla por los corazones y las mentes de nuestros hijos. Por desgracia, muchos cristianos no se han percatado de ello. David Wells resume la forma de actuar de muchos padres, abuelos y pastores cuando se trata de la educación pública y secular privada:

> La mayoría de los evangélicos solo se alteran y movilizan para combatir el «humanismo secular»

> cuando los valores de la sociedad contradicen de forma directa y evidente los preceptos de la fe; aparte de esos casos específicos, tienden a considerar los principios de la cultura secular como algo neutral e inofensivo. Es más, a menudo ven a los valores sociales como posibles colaboradores en la promoción de la verdad cristiana. No puedo compartir esa ingenuidad; es más, la considero peligrosa. La cultura actual contiene numerosos valores que buscan trastocar los fundamentos de la fe.[13]

La mayoría de los padres constatan que vivimos en una cultura sobresaturada de contenido sexual y saben que los planes educativos incluyen contenidos LGTB. También son conscientes de que los libros de texto transmiten planteamientos evolucionistas, pero más allá de estas dos cuestiones obvias, muchos padres desconocen la profundidad y la omnipresencia de los mensajes antibíblicos que imparten los profesores y los materiales de enseñanza. La idea de que los valores culturales son neutrales e inofensivos es peligrosa. La educación es uno de los factores que más influyen en que un joven piense de forma no bíblica. Muchos cristianos creen en la neutralidad religiosa de la educación pública, lo que hace que sean manipulados por ella y que se les enseñen puntos de vista no bíblicos que destruyen la fe en Cristo y erosionan la confianza en la Escritura.

La educación bíblica

Muchas personas piensan que la Biblia guarda silencio sobre la educación. Es cierto que la Biblia nunca menciona esa palabra, pero Dios tiene mucho que decir sobre la enseñanza de los niños, y esos pasajes nos ayudan a desarrollar una visión bíblica de la educación. La educación es responsabilidad de los padres, por lo que, si se envía a un niño a una escuela pública o cristiana, los

---

13 Wells, *No Place for Truth*, 11.

padres siguen teniendo la responsabilidad de participar activamente y prestar mucha atención a lo que se enseña y lo que el niño aprende. Desde un punto de vista bíblico, la escuela es el empleado al servicio del hogar, lo que ayuda a los padres a comprender el papel que deben desempeñar en la educación de sus hijos.

La educación es discipulado. Un discípulo es un alumno cuyo objetivo es llegar a ser como su maestro. Lucas 6:40 afirma: «El discípulo no es superior a su maestro; mas todo el que fuere perfeccionado, será como su maestro». Por naturaleza, la educación moldea. Forma al estudiante a semejanza del maestro, la institución y el plan de estudios. La educación es un proceso de crecimiento que implica a la iglesia, el hogar y la escuela. Educar a los niños es un asunto sumamente serio, por lo que se nos recuerda que es mejor ahogarse atado a una piedra de molino que descarriar a un niño (Mt 18:6). Si busca información adicional que le ayude a desarrollar una comprensión bíblica de la educación, le recomiendo encarecidamente *The Renewanation Review* (publicada solo en inglés), una revista gratuita disponible en renewanation.org.

4. Los amigos

Las relaciones entre iguales crean una atracción gravitatoria hacia el bien o hacia el mal. Nuestro objetivo como padres y abuelos es animar a nuestros hijos a desarrollar amistades centradas en Cristo, ya que se trata de un principio bíblico que fomentará las buenas decisiones y la vida sabia. «El que anda con sabios, sabio será; mas el que se junta con necios será quebrantado» (Pro 13:20). El padre o el abuelo que ignora este principio y permite que un niño desarrolle relaciones profundas basadas en otro fundamento que no sea Cristo se arriesga a que su hijo salga perjudicado.

Tanto la Biblia como el estudio de Barna mencionado al principio de este capítulo afirman que las amistades de nuestros hijos no son una cuestión intrascendente. Ayude a su hijo a elegir amigos cristianos. Invítelos a su casa. Cree un ambiente que anime a los amigos de sus hijos a visitar su hogar. Esto le dará la oportunidad de conocer a las personas que sus hijos elijan como amigos, pasar tiempo con ellas y ser una buena influencia.

Uno de los lamentos más frecuentes que escucho a los padres es que sus hijos no tuvieron buenos amigos cristianos. Muestre iniciativa, no sea pasivo a este respecto. No espere a que la amistad encuentre a su hijo. Mediante una participación activa en su iglesia local, ayúdelo a desarrollar al menos una amistad sólida centrada en Cristo. Su hijo no podrá desarrollar amistades cristianas si no asiste a la iglesia con regularidad. Conozca a familias o jóvenes cristianos comprometidos y pase tiempo con ellos de manera informal. Tome la iniciativa. Proponga alguna actividad deportiva dirigida a niños, haga una acampada en su patio trasero, invite a las chicas a una fiesta de pijamas u organice una batalla de pistolas de agua. No espere a que sea su iglesia la que establezca o fomente estas relaciones.

5. La iglesia

En la Biblia encontramos una estrategia centrada en la familia y apoyada por la iglesia para discipular a los niños, y eso debe moldear la forma en que ministramos a los jóvenes. Por muy eficaces que sean las iglesias y las escuelas cristianas, no podrán tener éxito si los padres y los abuelos no llevan a cabo la tarea que Dios les ha encargado a ellos. El olvido de esta verdad crucial puede hacer que los pastores o los educadores se apropien sin querer de un papel que no les corresponde y la familia pierda su motivación para desempeñar un papel activo en el discipulado.

A pesar de que los padres dejan el discipulado de sus hijos en gran medida en manos de la iglesia, cada vez asisten menos a ella. «De media, un niño asiste a una mega-iglesia evangélica menos de dos veces al mes».[14] La asistencia poco frecuente a la iglesia se ha convertido en la norma de las familias.

Un estudio de Lifeway descubrió que la asistencia frecuente a la iglesia influye en que la fe en Cristo se conserve a lo largo de toda la vida. Descubrieron que: «Por cada descenso en la frecuencia de asistencia de la familia a los servicios religiosos durante su infancia, la salud espiritual de un adulto joven disminuye en un 1,25 por ciento. [...] La generalización de esta tendencia en Estados Unidos está teniendo efecto, y nuestros hijos pagan el precio».[15] El autor del estudio se pregunta:

> En cuanto a los padres, debemos empezar por preguntarnos si merece la pena el riesgo de que eso suceda, dado que hablamos del futuro de nuestros hijos y de nuestros posibles nietos. Por lo que respecta a los líderes de la Iglesia, nuestra primera reflexión debería ser si estamos haciendo todo lo que corresponde a nuestro ministerio para educar a los padres y colaborar con ellos por el bien de la generaciones futuras.[16]

En parte, la salud espiritual y la cosmovisión bíblica de su hijo estarán moldeadas por su participación en una iglesia local. He aquí cuatro recomendaciones que debería tener en cuenta:

- *Elija una iglesia apasionada por la Biblia.* ¿Predica la iglesia pasajes de la Biblia y enseña sana doc-

14 Larry Fowler, *The Question Nobody Asks about Our Children* (Steamwood, IL: Awana, 2014), p.11.

15 Jana Magruder, *Nothing Less: Engaging Kids in a Lifetime of Faith* (Nashville: LifeWay Christian Resources, 2017), pp.104-105.

16 Ibid.

trina? ¿Qué estudios y clases bíblicas se ofrecen a la congregación? ¿Enseña la iglesia la Biblia a niños y jóvenes o se centra más en entretenerlos con un breve devocional?

- *Tome la decisión de asistir a la iglesia y mantenga el compromiso.* Establezca el patrón de asistir al culto dominical de una congregación local, para que no sea algo que tenga que ser decidido o discutido cada semana. No dé a su hijo la opción de asistir o no a la iglesia.
- *Dé prioridad al culto sobre el deporte, los estudios y las aficiones.* El culto dominical debe ser un elemento no negociable en su calendario. Reserve ese tiempo e inclúyalo en la agenda de toda la familia. La gente hace lo que valora, por lo que la falta de participación en la iglesia denota poca apreciación de su valor y un corazón que no está donde debe. Tómese un momento y consulte su agenda. ¿Qué actividades prioriza y consumen las mejores horas de sus hijos?
- *Adoren en familia.* Los cultos infantiles o juveniles nunca deben sustituir al culto comunitario. No son lo mismo. ¿Cuál sería el efecto en su familia y en sus hijos si en todas las comidas de su hogar, niños y adultos se sentaran en mesas separadas? ¿Y cómo cree que afectará a un niño el que durante dieciocho años se haga eso mismo en la iglesia? El patrón de las Escrituras es que los niños adoren junto a su familia.

La combinación de un discipulado familiar deficiente, mensajes no bíblicos en las escuelas y una asistencia poco frecuente a la iglesia se ha convertido en una mezcla letal que está distorsionando, y en muchos casos destruyendo, la fe de los niños criados en hogares cristianos.

Conclusión

Los niños se parecen a las personas con las que están más tiempo. En el libro *Lost in Transition*, el Dr. Christian Smith ofrece la siguiente reflexión sobre lo que moldea la vida espiritual de los jóvenes:

> La mayoría de los problemas de los jóvenes se originan en el más amplio mundo de los adultos, en el que los jóvenes están siendo socializados. Pueden proceder de los problemas de los adultos más cercanos —sus padres, parientes, profesores, amigos de la familia, etc.— o su origen puede estar en las prioridades, los valores, las prácticas y las instituciones del mundo adulto en el que habitan: las escuelas, los medios de comunicación de masas, los centros comerciales, la publicidad y cosas semejantes. Pero de un modo u otro, los adultos y el mundo adulto son casi siempre cómplices de los problemas, del sufrimiento y de la vida descarriada de los jóvenes, si es que no son la fuente directa de los mismos. Cuanto más lo reconozcan y admitan los adultos, antes podremos abordar algunos de los problemas de los jóvenes de forma más constructiva.[17]

Los padres, abuelos, educadores y pastores son casi siempre la fuente directa de lo que los niños creen y en lo que se convierten. Haríamos bien en evaluar quién moldea a nuestros hijos y cómo discipulamos a nuestra propia familia. La Biblia enseña claramente que lo que sembremos hoy, lo cosecharemos mañana. Si plantamos a nuestros hijos en el suelo de influencias impías, pensamientos no bíblicos y relaciones no cristianas, lo normal

17 Christian Smith, *Lost in Transition: The Dark Side of Emerging Adulthood* (Nueva York: Oxford University Press, 2011), p.11

es que obtengamos el fruto de estas influencias. Debemos tomarnos en serio nuestro papel como discipuladores de la familia y comprometernos a ayudar a los niños a pensar y vivir bíblicamente.

Guía de estudio

¿Qué dice la Escritura?

- 2 Timoteo 1:3-5
- Efesios 6:1-4

Puntos clave y preguntas para el debate

Aunque los estudios mencionados sitúan a la iglesia como el menos importante de los cinco factores principales de influencia, no debemos minimizar el papel que Dios le ha encomendado a dicha institución. No obstante, nuestra visión y trabajo de discipulado debe expandirse más allá de los muros de la iglesia. Exploremos las cinco influencias humanas que moldean la cosmovisión bíblica de los niños:

1. *Los padres:* La perspectiva sobre la vida y la visión del mundo se forman principalmente en el hogar, durante la infancia y la adolescencia. Comenten los siguientes pasajes que hablan del papel encomendado por Dios a los padres como transmisores de una herencia de fe a las generaciones futuras:
    - Según Deuteronomio 6:7, ¿cómo debe enseñar un padre diligente a su hijo?
    - Según Salmos 78:7, ¿qué intentan conseguir los padres en la vida de los hijos?
    - ¿Quiénes son los responsables de discipular a un niño? (ver Pro 1:8 y Ef 6:4)
2. *Los abuelos:* Dios encomendó a los abuelos la tarea de ser la segunda mayor influencia en el discipulado de los niños, en colaboración con los padres.

Responda a las siguientes preguntas que tienen relación con la edad:

- Según Deuteronomio 4:9, ¿cuál es el papel de un abuelo?
- Según Salmos 92:12-15, ¿qué tipo de fruto debería producir la vejez?
- Si viven lejos, ¿cómo pueden los abuelos enseñar a los niños acerca del Señor?

3. *Los educadores:* Dado que, desde el jardín de infancia hasta el final de sus estudios no universitarios, los niños pasan aproximadamente 16 000 horas con sus maestros, esta influencia es extremadamente grande. Debemos ser conscientes de que cada institución u organización educativa funciona según una filosofía, ya sea esta secularista o bíblica. La educación secularista ignora, niega o margina la existencia de Dios y hace que la Biblia sea irrelevante para la vida cotidiana, erosionando la fe en Dios y sustituyéndola por la confianza en los seres humanos:

    - El humanismo eleva al hombre por encima de Cristo. ¿Cómo contradice lo que afirma la Biblia en Efesios 1:22 y Colosenses 1:18?
    - El enfoque de la educación humanista, centrado en el ser humano, se traduce en una visión de la vida basada en la autorrealización, la maldad y el antagonismo hacia Dios. Según Romanos 1:18-25, ¿qué castigo recibirá esa forma de pensar?
    - ¿Cuál es el propósito bíblico de la educación?

4. *Los amigos*: Las relaciones con los compañeros atraen gravitacionalmente hacia el bien o hacia el mal. Nuestro objetivo como padres y abuelos es animar a los niños a desarrollar amistades cristianas piadosas:

- Lea Proverbios 13:20 y mencione ejemplos de buenas o malas compañías para sus hijos(as).
- ¿Cómo se ha evidenciado 1 Corintios 15:33-34 en la vida de los niños que ha conocido?

5. *La iglesia:* Es importante que la iglesia se esfuerce en formar a los padres y abuelos para que eduquen a la próxima generación en los principios bíblicos y las verdades de la Palabra de Dios. Él desea que la iglesia haga algo más que proporcionar entretenimiento a la próxima generación:

- ¿De qué manera lleva a cabo su iglesia local la formación de padres y abuelos?
- Si no se imparte esa formación, ¿con quién podría hablar para que empiece a impartirse?

Conclusión

La iglesia y la escuela cristiana deben colaborar en el discipulado de los niños, pero ninguna de estas dos valiosas instituciones debe convertirse en la principal influencia discipuladora. Dios ha encargado a los padres el papel de criar a los hijos hasta la madurez en Cristo, por lo que es fundamental que actuemos en obediencia al Señor, discipulando con alegría a nuestros hijos.

Segunda parte

El fundamento bíblico

Cómo ayudar a un niño a desarrollar una cosmovisión bíblica

¿Cómo desarrolla un niño su cosmovisión? ¿Qué pueden hacer los padres y abuelos para ayudar bíblica, intencional y estratégicamente a un joven a desarrollar una cosmovisión bíblica?

La Biblia contiene numerosos consejos prácticos para criar a los hijos hasta la madurez en Cristo y cumplir la tarea que Dios nos ha encomendado de discipular a las futuras generaciones. Algunos ejemplos son proclamar el evangelio, comunicar sabiduría, advertir, enseñar la Biblia, corregir, reprender, instruir en la justicia, hacer preguntas, contar testimonios, comunicar bendiciones, comer en familia, orar, memorizar las Escrituras y leer la Biblia. Cada uno de estos métodos bíblicos son herramientas diseñadas por Dios que deberíamos incorporar al discipulado familiar y a la formación en cosmovisión. Dado que la naturaleza de este libro es introductoria, no podemos explorar suficientemente cada uno de ellos. En lugar de abordar de forma breve cada tema, me centraré exclusivamente en la importancia y el uso de la Biblia para ayudar a los niños a desarrollar su cosmovisión.

Todos los jóvenes se hacen tres preguntas sobre la Biblia: ¿Es verdad? ¿Es aplicable? ¿La seguiré? Debemos trabajar diligentemente para responder a estas preguntas y persuadir al niño para que acepte la autoridad y la suficiencia de la Escritura. Esta sección le ayudará a formar a un joven para que crea, aprenda y viva la Biblia.

4

Cómo desarrollar en los niños el amor por la Biblia

Comenzar con una base sólida

Una cosmovisión bíblica se edifica sobre la base de sólidas creencias doctrinales acerca de la Biblia. Lo que un niño opine sobre la Biblia moldeará su visión de la vida. Creencias doctrinales sólidas conducirán a una cosmovisión bíblica fuerte, que a su vez dará como resultado decisiones sabias y una vida recta. En cambio, creencias erróneas conducirán a decisiones insensatas y a una vida torcida. Una interpretación equivocada de la Biblia dará lugar a una cosmovisión equivocada. Por lo tanto, resulta esencial comprender correctamente la Biblia.

El concepto que tenga un joven sobre la Biblia es una cuestión de suma importancia. La Escritura está siendo sometida a un intenso ataque. El mundo quiere destruir su autoridad y fiabilidad, y presentar su mensaje de forma distorsionada a nuestros hijos. Por ello debemos trabajar con diligencia para establecer su autoridad, probar su fiabilidad y mostrar que es digna de confianza y útil en todos los aspectos de la vida. Este capítulo ofrece una visión concisa de las doctrinas clave sobre la Biblia que deberían enseñarse a todos los jóvenes, leyéndolas y comentándolas con ellos.

Cómo desarrollar una elevada opinión acerca de la Biblia
Lo que nuestros jóvenes crean y hagan con la Biblia no es asunto baladí o de poca importancia. Afectará a la salud de sus almas. La Biblia nunca se queda obsoleta ni se vuelve anticuada. Siempre resulta actual, fresca y nueva. Es un pozo que nunca se seca, un campo siempre fértil y una mina que nunca se agota. Se aplica al corazón de cada persona, en cada país, en cada época y momento de la historia.

La Biblia es la Palabra de Dios y debe ser recibida con acción de gracias. Debe ser creída como las enseñanzas de Dios, obedecida como los mandamientos de Dios y celebrada como las promesas de Dios. No hay otro libro en el mundo que se acerque a su sabiduría, veracidad y majestad.

Nuestra civilización le debe a la Biblia muchas de sus mejores instituciones. De la Biblia se extraen las mejores leyes por las que la sociedad se mantiene en orden, las normas del matrimonio y las funciones y responsabilidades de cada miembro del hogar. A la Biblia debemos casi todas las instituciones humanitarias y caritativas que existen. Antes de la Biblia rara vez se pensaba en los enfermos, los pobres, los huérfanos o los discapacitados. Fue la Palabra de Dios la que dio lugar a los hospitales y las escuelas. Si no fuera por la Biblia quizá viviríamos en el caos y moriríamos en la miseria.

Hay una razón por la que la Biblia es el libro más vendido de todos los tiempos: es el único libro escrito por Dios. La Biblia explica el origen de la vida, el propósito de nuestra existencia, cómo debemos vivir y qué puede depararnos el futuro. Si la Biblia no fuera fiable en lo que enseña sobre estas cosas, solo podríamos hacer conjeturas y la Escritura no tendría ningún valor para el mundo. Sin la Biblia no conoceríamos las respuestas a las principales preguntas de la vida. J.C.

Ryle, un pastor del siglo XIX, ofrece seis razones por las que la Biblia es valiosa:[1]

- *Solo la Biblia ofrece un relato verdadero de la creación.* La Biblia nos informa que Dios creó el mundo en seis días a través de su palabra, con el fin de glorificarse a sí mismo.
- *Solo la Biblia ofrece un relato fiel y verdadero del ser humano.* No lo halaga, como hace la literatura actual, ni oculta sus defectos ni exagera su bondad. Describe al hombre como una criatura caída, inclinada al mal y totalmente corrupta; siempre pecadora por naturaleza, y que necesita redención, un corazón nuevo y ser hecha apta para el cielo.
- *Solo la Biblia nos da una visión verdadera de Dios.* Gracias a la Biblia sabemos que Dios odia el pecado. La destrucción del mundo por el diluvio, la aniquilación de Sodoma y Gomorra, el ahogamiento del faraón y su ejército en el Mar Rojo, la destrucción de Jerusalén y la dispersión de los judíos son hechos conocidos gracias a la Escritura. También sabemos que Dios ama a los pecadores. Tras la caída de Adán y Eva, hizo una promesa maravillosa; es paciente, como se demostró en la época de Noé; liberó a Israel de Egipto, concedió el don de la Ley y llevó a Israel a la Tierra Prometida. Dios envió profetas para amonestar a Israel, envió a su Hijo al mundo e hizo posible la proclamación del Evangelio a los gentiles.
- *Solo la Biblia nos enseña que Dios ha hecho una provisión perfecta y completa para la salvación del ser humano pecador.* La Biblia nos habla de la muerte sacrificial de Jesús en la cruz por los pecados

1 J.C. Ryle, *Old Paths: Being Plain Statements on Some of the Weightier Matters of Christianity* (Dominio público, 2013), pp.12-13. (*Sendas Antiguas*. Alexander Spring, PA: Banner of Truth Publishing, 2012).

del mundo. Nos dice que Jesús tomó el lugar del hombre, se convirtió en nuestro sacrificio y pagó por nuestro pecado con el fin de redimir a todos los que creen en Él. La Escritura declara que la ley ha sido satisfecha y el pecado remitido.

- *Solo la Biblia explica el estado del mundo.* Hay muchas cosas en el mundo que el incrédulo no puede comprender ni explicar. La pobreza, la opresión, la guerra y la existencia del mal le resultan desconcertantes. La Biblia explica que el hombre es malvado e inclinado a la maldad. El mundo es el dominio del diablo y ni las leyes ni la educación pueden cambiar el corazón del hombre. La Biblia nos dice que se acerca un tiempo mejor sin dolor, lágrimas ni muerte y afirma que debemos prepararnos para la segunda venida de Cristo.
- *Solo la Biblia cuenta la historia del Dios-hombre, Jesucristo.* Cuatro testigos distintos nos hablan de sus milagros y de su ministerio; de sus palabras y de sus hechos; de su vida y de su muerte; de su poder y de su amor; de su perfección y de su paciencia. El carácter y la obra de Jesucristo están al alcance de cualquier lector de la Escritura.

Qué edificantes son los relatos de la Biblia. Qué preciosas son las promesas que contiene. Cuán bendita es la esperanza que ofrece al creyente en Jesús y profunda la sabiduría que encierran sus páginas. No hay otro lugar donde el hombre pueda encontrar todas estas cosas. Así pues, sopesemos bien el lugar que vayamos a darle en nuestra vida.

A pesar de su incomparable valor, la Biblia se encuentra bajo ataque. ¿Es fiable y verdadera? ¿Está libre de errores? ¿Tiene autoridad para dictar lo que está bien y lo que está mal, y para decirle a la humanidad cómo debe vivir? ¿Es suficiente para decirnos todo lo que necesitamos saber para ser padres, enseñar, pastorear o madurar en la fe? Es más crucial que nunca que los jóvenes creyentes comprendan lo que es la Biblia y por qué pueden confiar en ella de todo corazón.

¿De dónde procede la Biblia?

La Biblia procede de Dios; cada capítulo, cada versículo, cada palabra procede de Dios. Muchas versiones utilizan la frase «inspirada por Dios» para decirnos que procede de su boca (2 Ti 3:16). El Espíritu Santo es su autor. Lo que dice la Biblia, lo dice Dios. La autoridad de la Biblia es la autoridad de Dios pues, en última instancia, Él es el autor. Dios eligió e impulsó a determinados hombres a escribir los mensajes que Él les entregó. Con libertad y fidelidad «hablaron siendo inspirados por el Espíritu Santo» (2 Pedro 1:21). El contenido de la Biblia fue comunicado a sus autores en pensamientos, visiones, sueños y, en contadas ocasiones, al dictado (los diez mandamientos). La Biblia se autentifica a sí misma al hablar de su propia fiabilidad, y nuestra experiencia con la Escritura confirma que es de origen divino. Ryle afirma:

> Todos sabemos lo difícil que puede ser que tres personas, que no vivan juntas, cuenten la misma historia sin que haya algunas contradicciones y discrepancias. Si la historia es larga e implica una gran cantidad de detalles, la unidad parece casi imposible entre personas normales. Pero no es así con la Biblia. He aquí un libro escrito por no menos de treinta individuos diferentes que pertenecieron a todos los oficios y clases sociales. Uno fue un legislador, otro un rey guerrero.
>
> Vivieron en distintas épocas a lo largo de unos 1500 años y la mayor parte de ellos nunca se conoció. Sin embargo, existe una perfecta armonía entre todos sus autores. Todos escriben como si una misma

> persona dictara sus palabras. La caligrafía puede variar, pero la mente que recorre su obra es siempre una y la misma. Todos cuentan la misma historia. Todos ofrecen una sola visión del hombre, una sola visión de Dios, una sola visión del camino de la salvación, una sola visión del corazón. A medida que se recorren las páginas de sus escritos, se ve la verdad desplegarse bajo sus manos, pero nunca se detecta ninguna contradicción real, ni discrepancia en sus puntos de vista.[2]

La Biblia no es del hombre; es de Dios. Debemos leer la Biblia como si hubiéramos oído a Dios pronunciar audiblemente su mensaje. Es decir, tiene el mismo peso de autoridad que si Dios mismo estuviera pronunciando sus palabras.

Sin duda, la Biblia contiene muchas cosas difíciles de entender, pues de lo contrario no sería la Palabra de Dios. Incluye cosas que están por encima de nuestro entendimiento, no porque sean falsas, sino porque tenemos un entendimiento limitado y Dios es más grande y grandioso de lo que nuestra mente puede llegar a comprender. Pedimos a los niños que crean muchas cosas que no pueden entender o cuyo significado no pueden ver, y esto mismo ocurre con nosotros y la Biblia. En sus páginas podemos encontrar «aun lo profundo de Dios» (1 Co. 2:10). Aquellos que perseveren, llegarán a comprender claramente su significado.

¿Por qué nos ha dado Dios la Biblia?

Sin la Biblia, nuestro conocimiento de Dios solo sería parcial. Antes de que se escribiera, solo podíamos conocer a Dios a través de la creación y de nuestra conciencia. La creación prueba la existencia de Dios, pero contiene poca información sobre su carácter o naturaleza. Nuestra

2 Ryle, *Old Paths*, 14 (*Sendas Antiguas*).

conciencia nos informa del bien y del mal, y nos deja claro que necesitamos un Salvador. Dios nos dio la Biblia para revelarse a sí mismo a una humanidad perdida, a través de Jesucristo.

La Biblia es el testimonio de Dios sobre sí mismo. Nos muestra el camino que conduce al cielo. Nos muestra todo lo que necesitamos saber, todo lo que necesitamos creer y todo lo que necesitamos hacer. Muestra lo que somos: pecadores. Muestra quién es Dios: perfectamente santo. Muestra a nuestro gran redentor: Jesucristo. Muestra cómo vivir: con sabiduría.

La Biblia es el instrumento grandioso por el que las almas se convierten a Jesucristo. Ese poderoso cambio comienza a menudo con un texto o enseñanza de la Escritura, que penetra en el corazón humano. La Biblia es capaz de hacerte «sabio para la salvación por la fe que es en Cristo Jesús» (2 Ti 3:15). Dios nos dio la Biblia para hacernos sabios para la salvación; hizo que se escribiera «para nuestra enseñanza» (Ro 15:4). No hay ningún otro libro que tenga un contenido tan importante como la Biblia. Un alumno de escuela dominical bien instruido sabe más verdades que un no cristiano con un doctorado.

Dios ha declarado que la Biblia es «útil» para nosotros. Se nos ha dado para nuestro aprendizaje, es una espada con la que todos los soldados de Cristo deben armarse, y una luz que ilumina nuestro caminar. En 2 Timoteo 3:16 leemos que la Biblia debe utilizarse para enseñar, redargüir, corregir e instruir en justicia. Ella es el principal instrumento para edificar a los jóvenes y consolidar su fe. Es la Palabra de Dios la que nos hace madurar, la que nos enseña a caminar en este mundo, a vivir agradando a Dios en todos los asuntos de la vida y a ser buenos hijos, esposos, padres, abuelos, educadores, pastores, empleados o vecinos.

También nos permite afrontar el sufrimiento y decir: «Bien» (2 Reyes 4:26) y mirar a la tumba y decir: «No temo ningún mal». Nos capacita para mirar la eternidad y no tener miedo, y para soportar la persecución sin acobardarnos. Aunque una persona esté sola, si tiene la Biblia, cuenta con la guía infalible que le enseñará el camino al cielo y a la vida.

¿De qué trata la Biblia?

La Biblia fue escrita a lo largo de 1500 años por más de treinta autores y contiene sesenta y seis libros individuales, todos con el mismo mensaje. La Biblia no es una colección aleatoria de escritos, sino un todo unificado.

Sin importar la porción de la Biblia que uno estudie, es importante recordar que la persona y la obra salvadora de Jesucristo constituyen el eje vertebrador de las Escrituras. Jesús mismo dijo: «Escudriñad las Escrituras; porque a vosotros os parece que en ellas tenéis la vida eterna; y ellas son las que dan testimonio de mí» (Jn 5:39). Además, cuando habló con dos discípulos en el camino a Emaús, explicó el evangelio que «comenzando desde Moisés, y siguiendo por todos los profetas, les declaraba en todas las Escrituras lo que de él decían» (Lc 24:27).

Una forma útil de pensar en el conjunto de la Biblia es con la frase *promesa y cumplimiento*. En el Sermón de la Montaña, Jesús dijo: «No penséis que he venido para abrogar la ley o los profetas; no he venido para abrogar, sino para cumplir» (Mt 5:17). Al hablar de la Escritura, Jesús utiliza las categorías de promesa (para el Antiguo Testamento) y cumplimiento (para el Nuevo Testamento). El mismo concepto se encuentra en 1 Pedro 1:9-12 y Mateo 11:12-13. Al leer la Biblia, uno debe hacerse estas preguntas básicas: ¿Estoy leyendo la parte de las Escrituras correspondiente a la promesa o al cumplimiento?

¿De qué manera se anticipa o se cumple Cristo en este pasaje?

La Biblia no es una colección aleatoria de personas o acontecimientos. Es un todo unificado con un argumento principal que apunta a Jesús, gira en torno a Él y se cumple en Él. La Biblia podría dividirse en cuatro importantes secciones: la creación (Gn 1–2), la caída (Gn 3), la redención (Gn 4–Ap. 20) y la restauración (Ap 21–22). Cuando leamos el Antiguo Testamento podemos ayudar a nuestros hijos a ver cómo apunta a Jesús y a su pacto de salvación. Jesús fue el postrer Adán (Ro 5:12-21; 1 Co 15:45), el profeta postrero que sería semejante a Moisés (Hch 3:22; 7:37), el postrer sumo sacerdote (Heb 7:23-24), el sacrificio postrero de la Pascua (1 Co 5:7), el maná postrero del cielo (Jn 6:31-32), el siervo sufriente postrero de Isaías 53 (Mc 10:45) y el Hijo del Hombre postrero de Daniel 7 (Mt 24:30). El propio Jesús lo hizo, como ya se ha mencionado. El arca de Noé es mucho más que el relato de la obediencia de Noé y de unos obedientes animales que subieron a una arca. La derrota de Goliat a manos de David es mucho más que el relato del valor que ayudó a una persona a vencer a un gigante. Cada persona, cada historia, cada episodio está en la Biblia para que Dios sea glorificado, y Él lo es a través de la salvación y el juicio a la humanidad.

Una de las principales funciones del Espíritu Santo es ayudarnos a comprender la Biblia y ver a Jesús en cada página y en cada pasaje. Él abre nuestros ojos, ablanda nuestro corazón y hace posible que captemos el significado de la Escritura.

Recordemos que una cosa es tener la Biblia y otra leerla, pero lo más importante es vivirla. Son muchos los jóvenes que tienen una Biblia, pero nunca la leen. Permanece en una estantería, en un atril o en una caja de libros. Acumula polvo y está en perfecto estado.

Descuidar la Biblia es como una enfermedad para el cuerpo. Todo ser vivo necesita alimento. Nuestro cuerpo necesita alimento para sostenerse y nutrirse. Lo mismo ocurre con nuestra vida espiritual. El único alimento que sostendrá y nutrirá nuestra alma es la Palabra de Dios. No leamos la Biblia como un deber, sino como un placer. Oremos para que Dios nos dé apetito por su Palabra y placer al leerla.

No hay ni una sola excusa razonable para no leer la Biblia. Muchos dicen que no tienen tiempo de hacerlo. Pero si una persona saca tiempo para comer, dormir, hacer deporte o tener una afición, también puede sacar tiempo para leer la Palabra de Dios, que tiene un valor mucho mayor. Muchos dicen que es demasiado difícil de entender. Pero está escrita de tal manera que el niño más pequeño puede captar su significado. Empiece a leer su Biblia hoy mismo, lo correcto sería leerla todos los días (Sal 119:97). Josué ordenó al pueblo de Israel: «Nunca se apartará de tu boca este libro de la ley, sino que de día y de noche meditarás en él, para que guardes y hagas conforme a todo lo que en él está escrito» (Jos 1:8a).

De la ignorancia de la Biblia surgen los errores. Hay innumerables jóvenes que saben poco sobre el Evangelio, la exclusividad de Cristo, los mandamientos de Dios o el contenido de la Escritura. Muchos jóvenes no podrían explicar cuáles son sus enseñanzas fundamentales y apenas tienen ideas superficiales acerca del significado de la fe, la conversión, la justificación y la santificación. Debido a ello, no pueden identificar las falsas enseñanzas, que son aceptadas con indiferencia.

No debemos descuidar ni maltratar la Biblia. El ser humano tiene la desafortunada habilidad de hacer un mal uso de la Biblia, y al malinterpretarla lo que hace es maltratarla. Uno debe ser «poderoso en las Escrituras» (Hechos 18:24). Cuando leamos la Biblia, roguemos a

Dios que nos ayude a comprenderla. Como Samuel, podemos pedir al Señor: «Habla, Jehová, porque tu siervo oye» (1 Samuel 3:9-10).

Debemos leer toda la Biblia y hacerlo de forma ordenada. Hay muchas partes de la Escritura que muchos nunca leen, pero la Biblia afirma que «toda la Escritura es [...] útil» (2 Ti 3:16). Hay ocasiones en las que resulta apropiado buscar un pasaje concreto de la Biblia, pero es más provechoso leer de forma planificada todo un libro, o leer toda la Biblia de principio a fin.

¿Es la Biblia verdadera y digna de confianza?

Reconocer que la Biblia es verdadera y digna de confianza es fundamental para que un creyente se someta a su autoridad. La razón fundamental por la que la Biblia no contiene errores es su procedencia divina. Dado que Dios es sin error, su Palabra no puede contener errores. «Todas tus palabras se basan en la verdad; todas ellas son justas y permanecen para siempre» (Sal 119:160 TLA). Podemos confiar en la Biblia porque podemos confiar en Dios. No hay ninguna enseñanza en la Biblia que contenga errores. Jesús dio testimonio de que «la Escritura no puede ser quebrantada» (Jn 10:35) y dedicó su vida terrenal a cumplir la Ley y los Profetas. Jesús nos dio un ejemplo de cómo debemos acercarnos a la Biblia; Él creía que la Biblia era verdadera y vivió su vida de acuerdo con sus palabras. Sería prudente que nosotros hiciéramos lo mismo.

La Biblia nunca nos fallará ni engañará. Las enseñanzas de la Biblia son firmes, sanas y constituyen una regla y guía fiable en todos los asuntos de la fe y la vida. Además, la Biblia está libre de toda falsedad y error, lo que garantiza la veracidad de todas sus afirmaciones. Nuestro cometido consiste en creer en la Biblia, recibir sus enseñanzas y someter nuestras vidas a ella.

Si la Biblia contuviera errores, entonces nuestro conocimiento de Dios podría estar equivocado. Se produciría un claro efecto dominó: «falsa en una cosa, incierta en todas». Si creemos que una parte contiene errores, ¿cómo podemos estar seguros de que no los haya en otros lugares? Apartarse de la total fiabilidad de la Biblia es un grave error, ya que es el cimiento sobre el que descansa todo lo demás.

Propóngase creer todo lo que encuentre en la Biblia, le guste o no. Tenga cuidado con el peligro de recibir una parte de lo que enseña la Biblia y rechazar otra parte. ¿Acaso va a usted a juzgar lo que merece figurar en la Biblia? ¿Sabemos más que Dios? Decida en su mente recibirlo todo y creerlo todo, y aceptar con confianza lo que no pueda comprender.

¿Cómo debemos vivir?

Los que han depositado su fe en Jesucristo como Señor y Salvador son llamados a vivir su relación en obediencia fiel a la Palabra escrita de Dios (Mt 28:20). Apartarse de las Escrituras, en cuestiones de fe o práctica, es ser desleal con Dios y es rebeldía.

Los jóvenes deben hacer de la Biblia su norma de conducta. Deben convertir los principios de la Biblia en sus principios. Deben caminar por el camino estrecho y seguir adonde los guíe Jesús. Deben caminar conforme a la Palabra, y no a sus amigos. Recuerde que servimos a un Dios severo y santo. Seremos juzgados por la Biblia, así que aprendamos a juzgarnos por ella.

La Biblia es la única regla fiable para determinar la verdad y validez de todas las demás afirmaciones y enseñanzas. Ninguna persona o institución tiene la capacidad o el poder de separar la verdad del error y decirnos cómo vivir. No debemos aceptar nada ni creer nada que no esté de acuerdo con la Palabra de Dios. Debemos poner a prueba todas las enseñanzas religiosas mediante dos preguntas sencillas: ¿Qué dice la Biblia al respecto? ¿Está de acuerdo con la Biblia?

Pesemos los libros, las opiniones, los sermones y los maestros en la balanza de la Biblia y solo demos valor a aquello que se ajuste a la Palabra de Dios. La principal pregunta es: ¿Es bíblico? Si lo es, debe ser aceptado. Si no lo es, debe desestimarse y rechazarse. Si usted no hace caso a la Biblia, estará sujeto a caer en todo tipo de error.

Conclusión

La Biblia debe moldear lo que creemos de principio a fin. Todos los verdaderos cristianos aman la Biblia. Al igual que un niño desea de forma natural la leche de su madre, el cristiano nacido de nuevo desea la leche de la Palabra (1 P 1:23; 2:2). Si en algo coincide todo creyente es que en: «en la ley de Jehová está su delicia» (Sal 1:2). Digamos con el salmista: «¡Oh, cuánto amo yo tu ley!». (Sal 119:97). El amor a la Palabra caracterizó a Jesucristo. La leyó públicamente, la citó continuamente y la explicó con frecuencia. Aconsejó a la gente que la escudriñara (Jn 5:39) y la utilizó como arma para resistir al diablo. El amor a la Palabra fue prominente en la vida de Cristo y debería serlo también en la nuestra.

Lea la Biblia con espíritu de obediencia y dispuesto a aplicarla. Lea la Biblia decidido a vivir según sus normas, a apoyarse en sus afirmaciones y a actuar conforme a sus mandatos. Tras leer cada capítulo pregúntese: «¿Qué lección puedo extraer de esto?» y «¿cómo podría aplicarlo a mi vida?». Enseñe a sus hijos y nietos a hacer lo mismo.

Algún día se nos pedirá cuenta de lo que hicimos con la Biblia y sus enseñanzas. Santiago nos dice: «sed hacedores de la palabra, y no tan solamente oidores, engañadnos a vosotros mismos» (1:22). Hagámosle caso.

Guía de estudio

¿Qué dice la Escritura?

- Tito 2:1-8
- 2 Timoteo 1:13-14

Puntos clave y preguntas para el debate

La Biblia es la Palabra de Dios y debe ser aceptada en su totalidad con acción de gracias. En sus páginas aprendemos el origen de la vida, el propósito de nuestra existencia, cómo debemos vivir y qué esperar en el futuro. Aunque estas verdades bíblicas pueden discernirse claramente a lo largo de la Escritura, es necesario ayudar a los niños a entender qué es la Biblia y por qué se puede confiar en ella de todo corazón.

1. *¿De dónde procede la Biblia?* Dios inspiró las palabras de la Escritura a los autores humanos (2 Ti 3:16). Aunque hayan sido escritas por hombres, las palabras proceden directamente de Dios y, por lo tanto, nunca deben rechazarse ni desestimarse.
    - Enumere las fuentes a través de las cuales se ha revelado la verdad, que se mencionan en 2 Pedro 1:12-21
    - Aunque la Escritura puede ser difícil de entender, ¿qué medios, según 1 Corintios 2:6-10 y Santiago 1:5, hacen posible que la comprendamos?

2. *¿Por qué nos ha dado Dios la Biblia?* Sin ella, solo podríamos conocer a Dios en parte. Antes de que existiera la Biblia, se podía conocer a Dios a través de la creación y de nuestra conciencia.

- Lea Salmos 19:1-6 y resuma el pasaje en una sola afirmación certera.
- Dios nos ha dado la Biblia y ha conservado su Palabra a lo largo de los siglos. En Romanos 15:4 se afirma que fue escrita para que tuviéramos esperanza. ¿Qué significa realmente la palabra «esperanza» en este versículo? [referencia cruzada, 2 Ti 3:15].

3. *¿De qué trata la Biblia? La Biblia* —a pesar de haber sido escrita a lo largo de 1500 años por más de 30 autores— no es una colección aleatoria de escritos, sino un amplio mensaje cohesionado que proviene de Dios, cuyo tema central es la persona y la obra salvadora de Jesucristo.
    - Lea Juan 5:39-40. ¿Quién está hablando? ¿A quién se dirige? ¿Por qué se afirma que la vida eterna no proviene del estudio académico o diligente de la Escritura?
    - Jesús es tanto la promesa (Antiguo Testamento) como el cumplimiento (Nuevo Testamento) del amplio mensaje cohesionado de Dios a lo largo de la Biblia. Lea 1 Pedro 1:10-12. ¿Qué versículo del Antiguo Testamento le viene a la mente en relación con la venida del Mesías, y qué versículo del Nuevo Testamento declara que Jesús es el Cristo?

4. *¿Es la Biblia verdadera y digna de confianza?* La Biblia no contiene errores, porque procede del propio Dios. Salmos 119 proclama la utilidad de la Biblia y afirma que su Palabra nunca nos fallará: es segura y confiable.
    - El último versículo de cada sección de Salmos 119 aborda la perdurabilidad y la riqueza infinita de

la Escritura. Salmos 119:160 sintetiza su autenticidad y Salmos 119:152 proclama su vigencia imperecedera. ¿Qué otros atributos de la Escritura se deducen del examen de este extenso Salmo?

- Además de ratificar su confiabilidad, la Biblia advierte sobre el peligro de abrazar falsas enseñanzas. Lea 2 Timoteo 4:3-4. ¿Qué personajes o doctrinas actuales le vienen a la mente?

5. *¿Cómo debemos vivir?* Los que han depositado su fe en Jesucristo como Señor y Salvador han sido llamados a vivir su relación con Él en obediencia fiel a la Palabra escrita de Dios (Mt 28:20). Apartarse de la Escritura en cuestiones de fe o de conducta es ser desobedientes a Dios.

   - Según 1 Juan 4:4-6, ¿cómo podemos distinguir la verdad del error?

Conclusión

El propio Cristo aconsejó a la gente que escudriñara la Escritura. Debemos leer la Biblia con un espíritu de obediencia, reverencia, interés y determinación de vivir según sus normas, apoyarnos en sus afirmaciones y actuar según sus mandatos. Santiago pide que no nos limitemos a escuchar la Palabra, sino que la apliquemos (San 1:22). Salmos 119:103 se alegra de que el Espíritu de Dios sea nuestro maestro. Cuando enseñamos a nuestros hijos la riqueza y la autoridad de la Palabra de Dios, ellos aprenden a amar las verdades reveladas por la Biblia para nuestra salvación y a deleitarse en ellas.

5

Cómo interiorizar la autoridad de la Escritura

La defensa de la confiabilidad de la Biblia

El eminente profesor universitario ateo Richard Rorty ha reconocido que durante sus clases intenta activamente destruir la fe de los estudiantes cristianos. No tuvo ningún reparo en revelar sus planes:

> Seguiremos intentando desacreditarte ante tus hijos, procurando ridiculizar a tu comunidad religiosa fundamentalista, luchando para que tus puntos de vista parezcan tontos, indignos de un debate serio». Añadió que los profesores «lo organizan todo para que los estudiantes que entran como fundamentalistas religiosos intolerantes y homófobos salgan de la universidad con puntos de vista más parecidos a los nuestros.[1]

Cada generación ha visto surgir nuevos y creativos ataques contra la Biblia. Estos ataques se producen en los más variados lugares y circunstancias: durante una conversación con un compañero escéptico, como comentarios jocosos en las redes sociales, en un libro de texto de ciencias o incluso en un curso bíblico en un seminario. Ningún otro libro ha soportado tantos ataques

1 Robert B. Brandom, *Rorty and His Critics* (Nueva Jersey: Wiley-Blackwell, 2000), p.22.

como la Biblia, por lo que debemos asegurarnos de que nuestros niños cuenten con un sólido fundamento bíblico. Una forma de conseguirlo es defendiendo la fiabilidad de la Biblia y ayudándolos a aplicar la autoridad de las Escrituras a la vida diaria.

La doctrina de la autoridad de la Escritura está vinculada a una importante pregunta: ¿Cómo sabemos que la Biblia es la Palabra de Dios?

Ocho razones para creer que la Biblia es la Palabra de Dios

1. *Auto-autenticación.* La Biblia afirma ser la Palabra de Dios: «Toda la Escritura es inspirada por Dios» (2 Ti 3:16). Jesús, Pablo y otros autores del Nuevo Testamento sabían que el Antiguo Testamento tenía autoridad, lo citaban a menudo y lo obedecían en sus vidas. Jesús dio testimonio de la autoridad de la Biblia. Sabía que los Salmos habían sido inspirados por el Espíritu Santo (Mr 12:35-36). Sabía que las leyes que Dios había comunicado a Moisés debían ser creídas y obedecidas (Mt 19:3-6; Jn 5:46). Sabía que toda la Escritura se cumpliría (Mt 5:17-18) y que no podía ser quebrantada (Jn 10:33-36).
2. *Transformación de vidas.* La Biblia cambia la vida de asesinos, drogadictos y ateos. La Biblia no es un libro sobre cómo ser feliz o convertirse en una buena persona. Es un libro lleno de poder para transformar vidas. «Porque la palabra de Dios es viva y eficaz, y más cortante que toda espada de dos filos; y penetra hasta partir el alma y el espíritu» (Heb 4:12). La Biblia es la Palabra de Dios y es capaz de cambiar vidas a través de Jesucristo.
3. *Circulación.* La Biblia es el libro más vendido de todos los tiempos. Ningún otro ha tenido una circulación comparable. Un buen libro puede vender unos 10.000 ejemplares. Un libro increíble venderá más de

100.000. Unos pocos libros venderán más de 1 millón de ejemplares. La Biblia ha vendido miles de millones de ejemplares. Aunque este hecho no prueba que la Biblia sea verdadera, demuestra que hay algo muy especial en ella. La Biblia se ha traducido a más de 2000 idiomas y más del 90% de la población mundial tiene acceso a ella. ¿Qué hace que la Biblia sea tan deseada por tantas personas, de todas las edades, y en todos los países a lo largo de la historia? ¿No es eso lo que cabría esperar si fuera la Palabra de Dios?

4. *Unidad de mensaje.* La Biblia fue escrita por docenas de autores a lo largo de mil quinientos años, y a pesar de que aborda cientos de temas, no se contradice. Moisés fue educado en Egipto y Daniel en Babilonia; Josué era un comandante militar y David un músico; Salomón era un rey, Amós un pastor, Pedro un pescador, Mateo un recaudador de impuestos y Lucas un médico. Estos escritores tenían ocupaciones y antecedentes muy distintos y vivieron separados por cientos de años, sin embargo, presentan un mensaje homogéneo. La Biblia se escribió en tres continentes distintos: Asia, África y Europa; y en tres lenguas diferentes: hebreo, arameo y griego.[2] La Biblia se escribió con diferentes propósitos, como advertir del juicio venidero, convencer a la gente de que Jesús era el Mesías y abordar los problemas de la iglesia y, sin embargo, su mensaje de fondo es el mismo: la gloria de Dios manifestada en la salvación y el juicio. El tema central de la Biblia es la persona y la obra de Jesucristo.

Si unimos todos estos factores, resulta asombroso que tanta diversidad haya producido unidad. ¿Cómo es posible? La Biblia no es obra del ser humano, sino

2 Josh McDowell, *The New Evidence That Demands a Verdict* (Nashville: Thomas Nelson Publishers, 1999), pp.4–7. (*Evidencia que demanda un veredicto*. El Paso,TX: Casa Bautista de Publicaciones, 2019).

de Dios: «porque nunca la profecía fue traída por voluntad humana, sino que los santos hombres de Dios hablaron siendo inspirados por el Espíritu Santo» (2 P 1:21). Dios, el único y verdadero autor de la Biblia, guio el trabajo de todos los que la escribieron.

5. *Indestructibilidad.* La Biblia ha sido atacada durante siglos. Los escépticos la han cuestionado. Los ateos han intentado desacreditarla. No hay otro libro que haya sido sometido a tanto escrutinio. Pero, a pesar de todos los ataques recibidos, la Biblia ha demostrado ser verdadera una y otra vez. Muchos de los que se propusieron refutar la Biblia se convirtieron al cristianismo, al descubrir su veracidad. Ningún libro es tan digno de confianza como la Biblia.
6. *Arqueología.* La Biblia hace referencia a personas, lugares y acontecimientos históricos. Muchos de ellos son verificables. Entre otras muchas cosas, los arqueólogos han desenterrado evidencia de las murallas derrumbadas de Jericó, han descubierto un anillo de sellar con el nombre de Pilato y encontrado varias inscripciones con el nombre de David. Descubrimientos como estos confirman la existencia de personas y lugares y manifiestan la fiabilidad de la Biblia. Ni un solo acontecimiento histórico o personaje de la Biblia ha resultado ser falso. Nelson Glueck, un renombrado arqueólogo judío, afirma: «Ningún descubrimiento arqueológico ha rebatido jamás una referencia bíblica».[3] El Dr. William Albright, que no simpatizaba con el cristianismo y era considerado una autoridad en la arqueología del Cercano Oriente, dijo lo siguiente sobre la Biblia: «No cabe duda de que la arqueología ha confirmado la historicidad sustancial del Antiguo Testamento».[4]

3 Nelson Glueck, *Rivers in the Desert: A History of the Negev* (Nueva York: Farrar, Strauss, and Cudahy, 1959), p.31.

4 William F. Albright, *Archaeology and the Religion of Israel* (Baltimore: John Hopkins, 1953), p.176.

La arqueología autentifica la exactitud histórica de la Biblia.

7. *Evidencia de los manuscritos*. Tenemos más manuscritos antiguos del Nuevo Testamento que de cualesquiera otras diez obras de la literatura clásica antigua juntas. John Warwick Montgomery cree que «ser escéptico respecto al texto de los libros del Nuevo Testamento es permitir que toda la antigüedad clásica se deslice hacia la oscuridad, ya que ningún documento del período antiguo está tan bien atestiguado bibliográficamente como el Nuevo Testamento».[5] En otras palabras, si la Biblia no es digna de confianza, entonces ningún otro documento antiguo lo es. Respecto al Antiguo Testamento, Bernard Ramm señala lo meticulosos que eran los escribas judíos en la transmisión del texto bíblico:

> Los judíos lo conservaron como nunca se ha conservado ningún otro manuscrito. En su *masora* (*parva, magna* y *finalis*) contaron cada letra, sílaba, palabra y párrafo. La cultura judía tenía oficios especiales de hombres cuya sola misión era preservar y transmitir estos documentos con una fidelidad casi perfecta: escribas, especialistas en la ley, masoretas. ¿Quién ha contado jamás las letras, sílabas y palabras de Platón o Aristóteles, de Cicerón o de Séneca?[6]

Hoy en día se conservan más de 25 000 porciones antiguas de manuscritos del Nuevo Testamento. Ningún otro documento antiguo se acerca a esa cifra. La Ilíada ocupa el segundo lugar, con más de 600

---

5 John Warwick Montgomery, *History and Christianity* (Downers Grove: Intervarsity Press, 1971), p.29.

6 Bernard Ramm, *Protestant Christian Evidences* (Chicago: Moody Press, 1953), pp.230-231. (*La interpretación bíblica protestante: Manual de hermenéutica.* Tampa, FL: Editorial Doulos, 2022).

manuscritos, y el primer texto completo data del siglo XIII. En comparación, el primer texto completo del Nuevo Testamento solo data de unos cincuenta años después del manuscrito original. El elevado número de copias permite reconstruir ese manuscrito original con total exactitud. La siguiente tabla presenta una razón de peso para confiar en que la Biblia que tenemos hoy es la Biblia que se escribió hace miles de años.[7]

Autor	Libro	Fecha de composición	Copia más temprana	Lapso de tiempo	N.º de copias
Homero	La Ilíada	800 a. C.	aprox. 400 a. C.	aprox. 400 años	643
Heródoto	Historia	480-425 a. C.	aprox. 900 d. C.	aprox. 1350 años	8
Tucídides	Historia	460-400 a. C.	aprox. 900 d. C.	aprox. 1300 años	8
Platón		400 a. C.	aprox. 900 d. C.	aprox. 1300 años	7
Demóstenes		300 a. C.	aprox. 100 d. C.	aprox. 1400 años	200
César	La guerra de las Galias	100-44 a. C.	aprox. 900 d. C.	aprox. 1000 años	10
Livio	Historia de Roma	59 a.C.-17 d. C.	s. IV (parcial), mayormente del s. X	aprox. 400 años	1 parcial
Tácito	Anales	100 d. C.	aprox. 1100 d. C.	aprox. 1000 años	20
Plinio el viejo	Historia natural	61-113 d. C.	aprox. 750 años	aprox. 750 años	7

7 McDowell, *The New Evidence*, pp.34-38.

	Nuevo Testamento	50-100 d. C.	aprox. 114 (fragmentos) aprox. 200 (libros) aprox. 250 (la mayoría del NT) aprox. 325 (NT completo)	+ 50 años 100 años 150 años 225 años	5366

8. *La profecía.* La profecía cumplida manifiesta la autoridad divina de la Biblia. Según Deuteronomio 18:22, si alguien hace predicciones y no se cumplen se trata de un falso profeta. En la Biblia se predicen cientos de sucesos que se hicieron realidad. Sus profecías son específicas y precisas. Isaías 53 proporciona detalles de la crucifixión setecientos años antes del nacimiento de Cristo. A Ciro, el rey de Persia, se le menciona por su nombre en Isaías 44:28, y se nos dice que reconstruirá el templo de Jerusalén. Daniel registra el ascenso y la caída de todas las naciones, desde Persia hasta Roma (Dan 7-8). Jesús cumplió las profecías sobre el Mesías. Dijo a los discípulos: «He aquí subimos a Jerusalén, y se cumplirán todas las cosas escritas por los profetas acerca del Hijo del Hombre» (Lc 18:31b). Jesús cumplió las profecías cuando limpió el templo (Mr 11:15-17), cuando comenzó su ministerio (Lc 4:16-21), cuando fue traicionado (Mr 14:21), abandonado (Mr 14:27) y arrestado como un criminal (Lc 22:37).

Si la Biblia es verdadera, su mensaje es el único medio de salvación y la única autoridad para la vida. Lo que creemos sobre la Biblia determina cómo la utilizamos en la vida cotidiana. Construir nuestra vida, hogar o ministerio sobre cualquier otro fundamento sería trágico.

¿Qué significa la autoridad bíblica?

Todo niño recurre a una autoridad para saber lo que es verdad. La autoridad que elija el niño determinará lo que crea y cómo viva. Elegir la Biblia como autoridad significa creer que esta tiene el poder de decidir lo que es bueno y lo que es malo, lo correcto y lo incorrecto, lo verdadero y lo falso, y de orientar su forma de vida.

La autoridad no es un concepto popular. Nos gusta tener autoridad, pero no estar bajo autoridad. En su depravación, el ser humano seguirá rebelándose contra la Biblia como verdad y contra Dios como autoridad suprema. El apóstol Pablo nos dice que la rebelión contra Dios y su Palabra es natural, porque el hombre nace espiritualmente muerto (Ef 2:1; Ro 3:10-18), ciego de entendimiento (Ef 4:18) e incapaz de aceptar las cosas de Dios, porque solo pueden entenderse espiritualmente (1 Co 2:14). Solo la redención que aplica el Espíritu Santo puede devolver la vida espiritual al pecador (Ef 2:4-5). La novedad de vida produce que la Biblia pase a ser vista con nueva claridad. Ahora, el nuevo creyente puede comprender que la Biblia es la Palabra de Dios (1 Jn 2:20). Aquellos que no tienen a Dios como su Señor tampoco tienen su Palabra como su autoridad.

Los jóvenes suelen creer la mentira de que lograrán la libertad siendo su propia autoridad. La libertad no se encuentra en la ausencia de autoridad, sino que se experimenta sometiéndose a la autoridad de Dios y viviendo dentro de sus límites. Los mandamientos de Dios son un medio de liberación, y la sabiduría bíblica es una senda que conduce a la bendición. Cuando anteponemos la felicidad a la obediencia, nos condenamos a llevar una vida miserable. Sin embargo, cuando nos sometemos a la autoridad de la Palabra de Dios experimentamos la alegría.

Dios es la fuente de toda autoridad. La Biblia refleja la autoridad absoluta de Dios sobre toda su creación. Él es el Creador Todopoderoso de todas las cosas (Gn 1-2) y el dueño de la tierra (Sal 24:1). Salmos 62:11b afirma: «de Dios es el poder». Jesús dijo: «Toda autoridad me ha sido dada en el cielo y en la tierra» (Mt 28:18b RVC). Los títulos «Señor» y «Dios Todopoderoso» declaran que Dios tiene autoridad sobre toda la tierra.

La Biblia es nuestra máxima autoridad porque procede de Dios. No somos nosotros quienes le damos su autoridad. La Biblia tiene autoridad independientemente de lo que creamos sobre ella. Nuestra parte consiste en decidir si le damos una autoridad práctica en nuestra vida o vivimos de acuerdo con una autoridad diferente. La Biblia es nuestra autoridad cuando reconocemos que es verdadera, la aceptamos, nos sometemos a ella y caminamos en obediencia a la Palabra de Dios. La autoridad suprema del universo nos ha dado su Palabra; por lo tanto, esta debe tener autoridad sobre nosotros.

Tres fuentes de autoridad ilegítima

Muchos cristianos afirman que la Biblia es su autoridad, pero en la práctica demuestran haber buscado en distintas fuentes y escogido una autoridad diferente. He aquí tres de las fuentes de autoridad más comunes entre los cristianos:

1. La ciencia

Los expertos seculares han convencido a muchos cristianos de que la Biblia es poco rigurosa, anticuada, supersticiosa y anticientífica. Andy Stanley, pastor de North Point Community Church de Georgia, declaró: «Cuando religión y ciencia entran en conflicto, en última instancia, si usted es una persona honesta, ¡la ciencia debe ganar!». Quizá haya oído a alguien decir: «Sé lo que dice la Biblia, pero no se puede negar la ciencia». En realidad, no hay nada más absurdo que pensar que las ideas humanas puedan ser una fuente de autoridad más fiable que la Palabra de Dios. La ciencia está al servicio de las Escrituras, no al revés.

La ciencia se convierte en una fuente de autoridad ilegítima cuando la autoridad se deposita en manos de expertos humanos. ¿Qué es la ciencia? Ciencia significa conocimiento. La ciencia es un medio para conocer el mundo que Dios creó. La Biblia es el libro de la ciencia de Dios. Contiene verdades fundamentales sobre biología, historia, geología, antropología y astronomía. La Biblia es un libro infalible. Cuando creamos o descubrimos algo, utilizamos las leyes de la física y la química que Dios ha puesto en su lugar. Las leyes de la ciencia existen porque Dios creó un mundo ordenado. La Biblia es nuestra autoridad científica porque la Palabra de Dios nos dice cómo ha creado Dios el mundo y cómo funciona.

2. Pragmatismo

El pragmatismo es una perspectiva filosófica según la cual la verdad de una teoría depende de su utilidad práctica. En base a él, se determina primero qué resultado se desea alcanzar y luego se deciden las acciones necesarias para alcanzar dicho resultado. Finalmente, se decide lo que hay que hacer en función de lo que funciona: Si dar una recompensa da como resultado un niño bien educado, estupendo; pero si no funciona, quizá decidamos que las amenazas o ignorar su comportamiento negativo puede ser más eficaz. Si enseñar la Biblia atrae a los niños a nuestra escuela o iglesia, estupendo; pero si no, quizá decidamos que centrarse en el rigor académico o en el entretenimiento puede ser una estrategia más eficaz.

El pragmatismo se convierte en una fuente ilegítima cuando la autoridad deriva de la experiencia personal. Acudimos al pragmatismo cuando buscamos orientación en nuestra experiencia personal y no en la Palabra de Dios. La clave está en esta pregunta: ¿Funciona?

Cuando dicha pregunta se utiliza para justificar una decisión, sabemos que se está recurriendo al pragmatismo. En última instancia, el pragmatismo proviene de la ignorancia bíblica o de la falta de confianza en el poder de las Escrituras para hacer lo que prometen.

Por ejemplo, consideremos el evangelismo. Cuando buscamos métodos artificiales para estimular la conversión o manipulamos las emociones para llegar a un fin deseado, sabemos que el pragmatismo está en acción. Dios no nos necesita para hacer que el Evangelio sea relevante. No hay una sola idea creativa que haga revivir a los muertos espirituales o que contribuya a la salvación de una persona. Pablo nos dice lo que produce la salvación: «Desde la niñez has sabido las Sagradas Escrituras, las cuales te pueden dar la sabiduría que lleva a la salvación mediante la fe en Cristo Jesús» (2 Ti 3:15 NBLA). La Biblia es capaz de producir la salvación porque nos pone en contacto con Jesús.

3. La palabra humana

A menudo se sustituye la Biblia por la autoridad del ser humano, que puede adoptar muchas formas. Tiempo atrás trabajé con un pastor al que siempre le gustaba tomar decisiones encuestando a la congregación, en lugar de buscar sabiduría en la Biblia. A menudo, los cristianos recurren a la psicología para resolver problemas de relación, matrimoniales o emocionales, en lugar de acudir a la provisión que Dios ofrece en su Palabra. Hasta la Iglesia ha intentado suplantar a la Palabra de Dios pretendiendo ser ella la autoridad máxima.

Históricamente, ha habido épocas en las que la Palabra de Dios se ha colocado bajo la autoridad de la Iglesia, que daba prioridad a sus credos, concilios, preceptos y tradiciones. La Iglesia católica romana se basa en este principio. En su opinión, la Biblia es la Palabra de Dios porque así lo han decretado y han confirmado numerosos concilios eclesiásticos infalibles. Hay un problema importante con este punto de vista. ¿Quién autorizó a la iglesia a tomar este tipo de decisiones? ¿Cuál es su fuente de autoridad para hacerlo? La iglesia puede confirmar la autoridad de las Escrituras, pero no es la fuente de dicha autoridad. Marcos 7:8 señala el motivo de que esto suceda: «Porque dejando el mandamiento de Dios, os aferráis a la tradición de los hombres».

Martín Lutero sostuvo que la Iglesia católica y el Papa no estaban por encima de las Escrituras. Lutero fue conducido ante la Dieta de Worms en abril de 1521 y se le ordenó retractarse de sus creencias sobre la justificación, así como sobre la autoridad eclesiástica y bíblica. Su respuesta no dejó lugar a dudas sobre su fuente de autoridad:

> Puesto que su majestad y sus señorías desean una respuesta sencilla, responderé sin cuernos ni dientes. A menos que me convenzan por las Escrituras y la razón evidente —ya que no acepto la autoridad del Papa ni de los concilios, pues me consta que con frecuencia han errado y se han contradicho entre sí—, quedo sujeto a los pasajes de las Escrituras aducidos por mí y mi conciencia está cautiva de la Palabra de Dios. No puedo ni quiero retractarme de nada, pues no es correcto ni prudente obrar en contra de la propia conciencia. Que Dios me ayude. Amén.[8]

En una cosmovisión bíblica, la autoridad última le pertenece a Dios y solo a Él. La Biblia debe constituir el fundamento de todos los ámbitos de la vida. Como Lutero, debemos ser cautivos de la Palabra de Dios. Son muchos los cristianos que confían muy poco en la Biblia. Jeremías 5:30-31 (RVC) afirma: «Algo feo y espantoso ha

---

8 Roland H. Bainton, *Here I Stand: A Life of Martin Luther* (Nueva York: Mentor, 1955), p.144. (*Martin Lutero.* Ciudad de México: Editorial CUPSA, 1989).

ocurrido en la tierra: Los profetas anuncian mentiras, y los sacerdotes dirigen por su propia autoridad». Una cosa fea y espantosa ha sucedido en muchos hogares, iglesias y escuelas: la palabra humana se ha convertido en la autoridad. La Biblia, que es la Palabra verdadera de Dios, debe determinar cómo vivimos, y no las encuestas ni la psicología, tampoco la iglesia.

¿Qué autoridad práctica tiene la Biblia en nuestra vida?

Una cosa es decir que la Biblia es nuestra autoridad y otra someternos a ella. Debemos llegar a la firme convicción de que nuestra única autoridad es la Palabra de Dios. He aquí cuatro formas prácticas de demostrar que la Biblia tiene autoridad en nuestra vida.

Acuda a la Palabra de Dios en busca de orientación. Debemos desarrollar la pauta de acudir a la Palabra de Dios en busca de respuestas y guía. Salmos 25:4-5 puede ser nuestra oración: «Muéstrame, oh Jehová, tus caminos; enséñame tus sendas. Encamíname en tu verdad, y enséñame, porque tú eres el Dios de mi salvación; en ti he esperado todo el día».

Examine sus pensamientos e ideas a la luz de la Palabra de Dios. Debemos aprender a cultivar el hábito mental de filtrarlo todo a través de la Palabra de Dios. Pablo nos exhorta: «Examinadlo todo; retened lo bueno» (1 Tes 5:21).

Lleve cautivo todo pensamiento a la Biblia. Debemos criticar nuestros razonamientos desde una perspectiva bíblica y disciplinar nuestra mente para que no se instalen en ella ideas impías. En 2 Corintios 10:5, leemos: «derribando argumentos y toda altivez que se levanta contra el conocimiento de Dios, y llevando cautivo todo pensamiento a la obediencia a Cristo».

Enseñe la Biblia. Debemos transmitir a los jóvenes todo el mensaje de la Biblia. El apóstol Pablo da a Tito esta tarea: «Esto habla, y exhorta y reprende con toda autoridad. Nadie te menosprecie» (Tit 2:15). A Tito se le dio la responsabilidad de hablar con autoridad, la cual provenía de la Palabra de Dios. Nuestra enseñanza no debe consistir en lecciones prácticas, buenos consejos ni aforismos breves, sino en las palabras de Dios extraídas de la Biblia.

Nuestra autoridad como padres, abuelos, pastores y educadores procede de enseñar y predicar la Palabra de Dios. En eso consiste nuestra responsabilidad. El contenido de nuestra predicación y nuestro plan de estudios debe ser la Biblia. En Tito 2:15 encontramos tres métodos para enseñarla: hablar, exhortar y reprender. Hable de la Biblia para que el joven la escuche y la entienda. Exhorte para persuadirlo a creer y aplicar la Palabra de Dios. Reprenda para que el joven entienda su responsabilidad de obedecer la Biblia y someterse a ella. Nosotros no inventamos el mensaje. Nuestra responsabilidad es transmitirlo mediante una interpretación fiel y una proclamación apasionada, para que entiendan, crean y obedezcan la Palabra de Dios.

Jesús es nuestro ejemplo, Él enseñó con autoridad. En Marcos 11:28, fue confrontado por los principales sacerdotes, los escribas y los ancianos quienes, preocupados por la autoridad de Jesús, le preguntaron: «¿Con qué autoridad haces estas cosas, y quién te dio autoridad para hacer estas cosas?». Jesús no citó a rabinos, ni se basó en las últimas investigaciones, ni mencionó sus títulos o grados académicos. Tampoco sugirió que fuera su amplia experiencia en el ministerio o su habilidad comunicativa lo que le daba autoridad, sino que respondió así a los líderes religiosos: «Esta enseñanza no es mía, sino de aquel que me envió» (Jn 7:16 RVC).

Si entro en su casa, su iglesia o su escuela, ¿escucharé la Palabra de Dios enseñada, leída, comentada, cantada, orada y proclamada? ¿O escucharé una autoridad diferente? ¿Encontraré que acude a la Palabra de Dios para tomar decisiones, o comprobaré que una autoridad ilegítima ha usurpado el lugar de la Palabra de Dios cada vez que necesita dirección? ¿Su confianza en la Palabra de Dios es alta o es baja?

La Biblia debe ser su autoridad. Fue entregada por Dios a padres, abuelos, pastores y educadores para que instruyeran a sus hijos y nietos (Dt 4:9; 6:6-7). La Biblia es capaz de transmitir a cada niño la fe salvadora (2 Ti 3:14-15). Pablo dejó escrito que toda la Escritura procede de Dios y es útil para enseñar, redargüir, corregir e instruir en justicia (2 Ti 3:16-17). La Biblia debe ser su autoridad para criar, educar y ministrar a los niños.

Guía de estudio

¿Qué dice la Escritura?

- Santiago 3:13-16
- Mateo 5:17-20

Puntos clave y preguntas para el debate

Debemos estar preparados para defender la confiabilidad de la Palabra de Dios, con el fin de ayudar a los niños a aplicar en su vida la autoridad de la Escritura. La doctrina de la autoridad bíblica nace de la respuesta a una importante cuestión: ¿Cómo sabemos que la Biblia es la Palabra de Dios? A continuación, examinaremos 8 argumentos dirigidos a contestar esa pregunta.

1. *Porque se autentifica a sí misma*: La propia Biblia afirma ser la Palabra de Dios.
    - Lea 2 Timoteo 3:16 en varias versiones. ¿De qué manera se afirma que la Escritura proviene de Dios? Según este versículo, ¿qué parte de la Escritura proviene de Dios?
    - Según Jesús,.¿quién guio a David mientras escribía Salmos? (véase Mr 12:35-36).
    - ¿A quién atribuye Pedro los escritos proféticos? (véase 2 P 1:21).

2. *Por la transformación de vidas*: La Biblia es capaz de transformar la vida de asesinos, drogadictos, ateos y todo tipo de pecadores.
    - 2 Corintios 5:17 declara que somos nuevas criaturas «en Cristo». ¿Conoce a alguien cuya vida haya sido transformada? Quizá su propia vida

lo haya sido. Comparta con los demás su experiencia de una vida nueva en Cristo.

3. *Por su difusión*: La Biblia es el libro más vendido de todos los tiempos, con miles de millones de ejemplares distribuidos. Ha sido traducida a más de 2.000 idiomas y el 90% de la población mundial tiene acceso a ella. Diversas investigaciones han demostrado que los antiguos manuscritos bíblicos se conservaron y tradujeron con precisión. Todo ello constituye en sí mismo un hecho prodigioso que es necesario atribuir a Dios.

4. *Por la unidad de su mensaje*: La Biblia fue escrita por docenas de autores a lo largo de 1500 años y aborda cientos de temas, pero no se contradice. Sus autores tenían ocupaciones diferentes, residían en distintos lugares, hablaban diversos idiomas y vivieron en épocas alejadas entre sí.

5. *Por su indestructibilidad*: A pesar de los intensos esfuerzos de escépticos, ateos y calumniadores por destruir la Biblia, esta ha demostrado su veracidad a través de los tiempos. Muchos de los que se propusieron refutarla acabaron convirtiéndose al cristianismo, al descubrir que era digna de confianza.

    - ¿Podría mencionar a alguien como prueba de que la afirmación es cierta?

6. *Por la arqueología*: La Biblia contiene referencias históricas a personas, lugares y acontecimientos, muchas de las cuales han sido validadas por excavaciones arqueológicas e investigaciones históricas. Esto corrobora y reafirma la confiabilidad de la Biblia. Algunos ejemplos de descubrimientos arqueológicos son los rollos del Mar Muerto, el cilindro de Nabonido y la estela Tel Dan, que menciona «la casa de David». Aún

no se ha demostrado que ningún acontecimiento histórico o personaje de la Biblia sea falso.

- Una buena forma de enseñar historia a los niños sería examinar los «10 descubrimientos arqueológicos cruciales relacionados con la Biblia».

7. *Por la evidencia de los manuscritos*: El profesor y apologeta Bernard Ramm señala que los escribas judíos eran sumamente meticulosos en su forma de copiar y conservar los manuscritos, hasta el punto de que realizaban un recuento del número exacto de letras, palabras y líneas de cada página y libro.

   - ¿Qué se puede deducir acerca de la confiabilidad de la Biblia del examen de las palabras de Jesús en Mateo 5:18?

8. *Por la profecía*: El cumplimiento de las profecías habla claramente de la autoridad divina de la Biblia. Muchas de las profecías sobre la venida del Mesías fueron registradas siglos antes del nacimiento de Cristo, y son específicas y precisas.

   - Lea Deuteronomio 18:21-22. ¿Cómo podemos discernir si un mensaje proviene del Señor?
   - Tras su muerte y resurrección, Jesús señaló al cumplimiento de las profecías del Antiguo Testamento acerca de su vida. Lea y analice Lucas 24:13-32. ¿Qué profecías pudo haber citado Jesús?

¿Qué significa la autoridad bíblica? La autoridad no es un concepto popular. A los seres humanos les gusta ser la autoridad, en lugar de estar bajo ella. Aunque es innegable que no hay poder o autoridad más elevados que los de Dios, el mundo intenta suplantar la sabiduría divina mediante el recurso a fuentes de autoridad intelectuales y académicas; es decir, recurriendo a la ciencia, al pragmatismo y a las técnicas humanas: encuestas, psicología, tradiciones, mantras y credos.

- ¿De qué cosa espantosa y fea se habla en Jeremías 5:30-31? ¿Cómo debemos responder a la pregunta con la que termina el pasaje: «¿Qué, pues, haréis cuando llegue el fin?»
- Santiago 3:13-18 habla de dos tipos de sabiduría. ¿Cuáles son y cómo podemos diferenciarlas?

Debemos llegar a la firme convicción de que nuestra autoridad es la Palabra de Dios. He aquí cuatro formas prácticas de aplicar la Biblia como autoridad divina de nuestra vida:

- Acuda a la Palabra de Dios en busca de orientación (Sal 25:4-5).
- Ponga a prueba sus pensamientos e ideas examinándolos con la Palabra de Dios (1 Jn 4:1 y 1 Te 5:21).
- Lleve cautivo todo pensamiento a la Biblia (2 Co 10:5).
- Enseñe la Biblia (Tit 2:11-15).

✓ Conclusión

Nuestro ejemplo es Jesús. Cuando fue confrontado por los principales sacerdotes, los escribas y los ancianos que desafiaron su autoridad, Jesús no citó a los rabinos ni se basó en las últimas investigaciones. Ni siquiera acudió a su amplia experiencia en el ministerio. En lugar de ello, se remitió a la autoridad del propio Dios: «Mi doctrina no es mía, sino de aquel que me envió» (Jn 7:16). Dios nos ha dado la Biblia para salvarnos e instruirnos en justicia. Deje que la Biblia sea su autoridad en todos los aspectos de la vida.

6

Cómo confiar en la suficiencia de la Escritura

Cómo aprender a aplicar la verdad de Dios a la vida

Hemos visto que lo que un joven crea *sobre* la Biblia es de máxima importancia. A continuación, abordaremos el asunto de cómo deben los jóvenes *aplicar* la Biblia a sus vidas. El objetivo último de la formación en cosmovisión bíblica es vivir de la manera correcta. Queremos que los jóvenes vivan en *obediencia* a la Biblia y verlos *aplicarla* en sus vidas. En resumen, nuestro objetivo es ayudarles a pensar y vivir bíblicamente. Pensar bíblicamente significa empezar el análisis de cualquier asunto por la Biblia, buscando una comprensión cristiana del mismo. Así, nos preguntaremos qué dice la Biblia sobre el género, el matrimonio, la economía, el gobierno y una larga lista de otros temas. Podemos enseñar a los niños a hacerse la siguiente pregunta: «¿Qué dice la Biblia sobre _______?». Si nuestros hijos no conocen la Biblia, no la leen, no meditan en ella y no saben aplicar las verdades de la Biblia, no podrán entender nada. Una forma de ayudarlos a pensar y vivir bíblicamente es formarlos para que comprendan la suficiencia de la Escritura. Esta ayuda al cristiano a aplicar la verdad de Dios a la vida.

Cómo aplicar la Biblia a la vida

Existe un consenso cada vez mayor en cuanto a que los cristianos no saben cómo aplicar la Biblia a la vida sino que buscan orientación en otras fuentes sobre todo tipo de cuestiones, incluyendo la educación de los niños por parte de padres y abuelos. Veamos los siguientes datos:

- El Grupo Barna: «Aunque la mayoría de las personas poseen una Biblia y conocen parte de su contenido, nuestra investigación reveló que la mayoría de los estadounidenses apenas sabe cómo integrar los principios bíblicos fundamentales con el fin de dar una respuesta coherente y significativa a los retos y oportunidades de la vida».[1]
- James Montgomery Boice: «Por importante que sea [la inerrancia], no creo que sea la cuestión más crítica sobre la Biblia a la que se enfrenta hoy la iglesia estadounidense. Actualmente, yo diría que el mayor problema es la suficiencia de la Palabra de Dios».[2]
- John MacArthur: «Para la iglesia de nuestra generación, la doctrina más atacada es la suficiencia de la Escritura. Incluso aquellos que parecen defender la autoridad, inspiración e inerrancia de las Escrituras, suelen resistirse a afirmar su suficiencia».[3]

El cristiano medio actúa como si se necesitara algo más que la Biblia para manejarse en la vida, tomar decisiones relacionadas con el mundo actual o criar a un

---

1 Barna Group, "A Biblical Worldview Has a Radical Effect on a Person's Life", visitado el 26 de marzo del 2019, https://www.barna.com/research/a-biblical-worldview-has-a-radical-effect-on-a-persons-life/.

2 James Montgomery Boice, "The Sufficiency of the Word of God", Sermón del 23 de mayo de 1993, Tenth Presbyterian Church, https://www.tenth.org/resource-library/articles/the-sufficiency-of-the-word-of-god.

3 John MacArthur, *Think Biblically! Recovering a Christian Worldview* (Wheaton: Crossway, 2003), p.22. (*Piense conforme la Biblia.* Grand Rapids: Editorial Portavoz 2020).

hijo. Los cristianos suelen afirmar la autoridad de la Biblia, pero al buscar orientación en otras fuentes lo que hacen es dejarla de lado.

Permítame hacerle algunas preguntas sobre cómo utiliza la Biblia. ¿Adónde acude para buscar consejo sobre prioridades, métodos y solución de problemas relacionados con la crianza de los hijos? ¿A la Biblia o a otras fuentes? ¿Nos da Dios en su Palabra todo lo que necesitamos para discipular a un niño hasta su madurez en Cristo o necesitamos recurrir a expertos externos, como psicólogos e investigadores sociales, para que nos ayuden a edificar sobre lo que Dios nos ha dado en su Palabra? ¿Es suficiente con la Biblia o necesitamos añadirle algo más? ¿Están sus problemas más allá del alcance de la Biblia? ¿Cree que encontrará en la Biblia orientación para saber qué decisiones tomar en la vida? Cuando necesita ayuda como padre o abuelo, ¿adónde acude?

¿Cuál ha sido su respuesta a estas preguntas? Y, aún es más importante, ¿cómo utiliza la Biblia cuando necesita orientación? ¿La conoce lo suficientemente bien como para aplicar la verdad de Dios a la vida? Por lo que respecta al propósito de este libro, ¿qué fuente utilizaremos para ayudar a los niños a desarrollar una cosmovisión bíblica?

En un estudio realizado con 2 000 padres, Lifeway descubrió que solo el 14% de ellos estaba familiarizado con lo que dice la Biblia sobre la educación de los hijos y creía que era útil como herramienta para tal fin. Según el mencionado estudio, los cristianos recurren a las siguientes fuentes en busca de consejos sobre la educación de los hijos: el 91% acude a su propia experiencia, el 65% a sus padres, el 62% a sus amigos, el 58% a su cónyuge, el 46% a la Biblia y el 43% a la iglesia. La iglesia y la Biblia ocupan los últimos puestos de la lista.[4]

4 Jana Magruder, *Nothing Less: Engaging Kids in a Lifetime of Faith*, (Nashville: LifeWay Christian Resources, 2017), pp.22-24.

Los padres dependen en gran medida de su experiencia o de la experiencia de otros como fuente de consejo en cuanto a la educación de sus hijos.

En Marcos 12:24b, Jesús afirma: «¿No erráis por esto, porque ignoráis las Escrituras, y el poder de Dios?». El error surge de la falta de conocimiento y comprensión de la Biblia. En cierta ocasión, Jesús dijo: «Antes bienaventurados los que oyen la palabra de Dios, y la guardan» (Lc 11:28). Somos bienaventurados cuando aplicamos la Palabra de Dios a la vida. Aprendamos a hacerlo.

¿En qué consiste la doctrina de la suficiencia de la Escritura?

La Confesión de Westminster de 1647 define así la suficiencia de la Escritura: «Todo el consejo de Dios, tocante a todas las cosas necesarias para su propia gloria y para la salvación, fe y vida del hombre, está expresamente expuesto en las Escrituras, o se puede deducir de ellas por buena y necesaria consecuencia, y, a esta revelación de su voluntad, nada le será añadido, ni por nuevas revelaciones del Espíritu ni por las tradiciones de los hombres». La Biblia afirma que todas las cosas necesarias para la fe y la vida están explícitamente escritas en la Biblia o pueden deducirse de la Palabra de Dios.

La Biblia enseña su propia suficiencia. Pablo afirmó que el Señor le había dicho: «Con mi gracia tienes más que *suficiente* [énfasis añadido]» (2 Co 12:9 RVC). No se necesita nada más para la salvación o para la fortaleza en tiempos de debilidad. Pedro proclama: «*todas las cosas* que pertenecen a la vida y a la piedad nos han sido dadas por su divino poder [énfasis añadido]» (2 P 1:3a). Dios nos ha dado todo lo que necesitamos para la vida. Segunda de Corintios 9:8 menciona los recursos plenamente suficientes que Dios nos ha proporcionado: «Y poderoso es Dios para hacer que abunde en vosotros toda gracia, a fin de que, teniendo *siempre en todas las cosas todo lo suficiente*, abundéis para toda buena obra [énfasis añadido]». Dios ha provisto lo suficiente «siempre en todas la cosas» para que usted pueda llevar a cabo toda buena obra a la que Dios lo haya llamado. La Biblia contiene lo que necesitamos para ser padres o abuelos fieles, trabajar en nuestras profesiones, educar a nuestros hijos o nietos, pastorear, tomar buenas decisiones y encontrar soluciones a los problemas de la vida.

Cómo aplicar la suficiencia de la Escritura

Apliquemos la suficiencia de la Escritura a la educación de los hijos y los nietos. Dios no solo establece en la Biblia lo que deben hacer los padres y los abuelos, sino que también describe cómo deben discipular y transmitir la fe a las generaciones futuras. Dios no nos encarga a los padres y los abuelos una tarea sin decirnos cómo lograr los resultados que Él desea.

Si no tuviéramos otra cosa que la Biblia, esta sería suficiente para enseñarnos a ser unos padres o abuelos que ayudaran a sus hijos o nietos a confiar en Jesús y crecer como discípulos de Cristo. La suficiencia de la Escritura significa que no necesitamos fuentes extrabíblicas para saber cómo ser padres o abuelos. Esto no quiere decir que no podamos beneficiarnos de otras fuentes aparte de la Biblia, pero sí significa que siempre serán secundarias y nunca deberán ser la autoridad principal ni utilizarse como sustituto de la Biblia.

¿Moldea la Biblia su perspectiva y forma de actuar en cuanto a la educación de los hijos o los nietos? Esta es la pregunta crucial. ¿O recurre usted de preferencia a otras fuentes? Las acciones de muchos cristianos revelan su falta de fe en que la Biblia sea suficiente para abordar los problemas de la vida o dar respuesta a nuestras necesidades más importantes. John MacArthur lo resume bien:

> Los psicólogos afirman que la Biblia es demasiado simplista para ayudar a las personas con problemas emocionales y psicológicos complejos. Hoy en día, vemos como en todos los ámbitos del mundo evangélico se deja de lado la Escritura en favor de filosofías novedosas, teorías científicas, técnicas experimentales de comportamiento y consejería, el pensamiento políticamente correcto y otras modas o corrientes de opinión modernas de tipo similar.[5]

Segunda de Timoteo 3:15-17 y Salmos 19 son los dos pasajes más completos sobre la doctrina de la suficiencia de la Escritura y nos ayudarán a comprender que la Biblia es suficiente y aplicable a los asuntos de la vida cotidiana, como la educación de los hijos o los nietos.

Segunda de Timoteo 3:15-17

Uno de los pasajes del Nuevo Testamento más útiles en cuanto a la suficiencia de la Escritura es 2 Timoteo 3:15-17. Pablo advirtió a Timoteo de las pruebas a las que se enfrentaría en el ministerio debido a la impiedad del mundo y le animó a estar en guardia contra los falsos maestros de la iglesia que se introducen en los hogares, se hacen pasar por heraldos de la verdad y tratan de engañar a la gente. Pablo le recuerda a Timoteo que la respuesta a estos problemas es la autoridad y la suficiencia de la Escritura, que es capaz de conducir a una persona a la salvación en Cristo, hacerla crecer hasta una madurez semejante a la de Cristo, protegerla de las falsas enseñanzas y proporcionarle orientación en cuanto a las decisiones de la vida.

> Tú, sin embargo, persiste en las cosas que has aprendido y de las cuales te convenciste, sabiendo de quiénes las has aprendido; y que desde la niñez has sabido las Sagradas Escrituras, las cuales te pueden dar la sabiduría que lleva a la salvación mediante la fe

5 MacArthur, *Think Biblically!*, 22. (*Pensar conforme la Biblia*).

> en Cristo Jesús. *Toda Escritura es inspirada por Dios y útil* para enseñar, para reprender, para corregir, para instruir en justicia, a fin de que el hombre de Dios sea perfecto, equipado para toda buena obra [énfasis añadido]. (2 Ti 3:14-17 LBLA)

Pablo dice que la Biblia es útil, o provechosa, para cuatro propósitos:

1. *Enseñar con la Biblia, para saber cuál es la verdad.* La Biblia se nos ha entregado para que aprendamos a discernir entre lo verdadero y lo falso. Esto se aplica a temas como el matrimonio, el significado de la masculinidad y la feminidad, el matrimonio o qué tipo de cosas podemos o no hacer. Según la Biblia, instruirnos no consiste en aprender una serie de hechos, sino en vivir una serie de verdades. Jesús dijo: «Enséñenles a cumplir todas las cosas que les he mandado» (Mt 28:20 RVC). Una de las razones por las que Dios nos ha dado la Biblia es para que enseñemos a los niños lo que es verdad. Si queremos que tengan creencias bíblicas, debemos comprometernos a leer y comentar la Biblia con ellos. Dios dio a los padres y los abuelos la Biblia para educar a los niños en la verdad.
2. *Traer convicción con la Biblia, para convencer cuando hay pecado.* Cuando hay pecado. La Biblia genera convicción de pecado; crea conciencia de lo exigido por Dios. La Biblia saca a la luz el pecado. Nuestros hijos son pecadores por naturaleza. No se ajustan a la ley de Dios, y Dios le ha dado a usted las Escrituras para transformar el corazón de su hijo. Son los caminos de Dios, no los nuestros, los que los niños deben obedecer. En griego, la palabra reprender se refiere al proceso legal de ser declarado responsable de un delito. Dios nos ha dado la Biblia para convencer a nuestros

pequeños infractores de que han quebrantado la ley de Dios y, sin Cristo, están condenados. La convicción de pecado es importante, porque sin ella no habrá arrepentimiento ni cambio. Nuestro principal objetivo como padres o abuelos es construir en el niño una conformidad con el carácter de Cristo, lo que requiere la convicción de que no es semejante a Cristo en ciertas áreas de la vida. Aquí es donde la familiaridad con las Escrituras es útil, para que podamos ministrar la Palabra cuando sea necesario. Dios nos dio la Biblia para que sea nuestro abogado defensor.

3. *Corregir con la Biblia, para hacer lo recto.* La Biblia tiene el poder de corregir, que literalmente significa «enderezar lo que está mal» y «reformar». La Escritura pone de nuevo en pie al niño. Los padres deben utilizar la Biblia para tratar las enfermedades espirituales. En la Biblia, Dios le ha dado todas las herramientas para tratar las actitudes, comportamientos, pensamientos y motivaciones que no se ajustan al carácter de Cristo. ¿Con qué desafío de paternidad está lidiando? Rivalidad entre hermanos, ansiedad, depresión, métodos de disciplina: todos estos asuntos relacionados con la educación del niño y otros más se tratan en la Escritura. Se le ha dado la Biblia como medio para lograr el arrepentimiento, la confesión y el perdón. Dios le ha dado la Biblia para que actúe como el médico que trae sanación, salud y esperanza. Por supuesto, no es la Biblia en sí la que hace estas cosas, pero es en las páginas de la Escritura donde entramos en contacto con Jesús, el Gran médico.
4. *Instruir en justicia, para saber cómo vivir.* En griego, la palabra *instruir* significa criar o educar a un niño. Es la misma palabra que se utiliza en Efesios 6:4, una de

> las razones por las que este pasaje se aplica al discipulado familiar. Se nos ha entregado la Biblia para la formación del carácter de los niños. Debemos utilizarla, a semejanza del padre de Proverbios, para lograr que el niño adquiera destreza moral, enseñándolo a aplicar la Palabra de Dios a su vida. Con la Biblia podemos ayudar a los niños a tomar decisiones buenas y piadosas, y a vivir de una manera que sea agradable a Dios. La instrucción de un niño implica la disciplina de hacerle practicar una y otra vez ciertas destrezas, como la ejecución de una pieza musical o una habilidad atlética, hasta que las aprenda. La Biblia es útil para instruir a su hijo o nieto a vivir con rectitud, que es uno de los objetivos de su educación. Los niños, como el resto de nosotros, tienden a desarrollar hábitos pecaminosos y la Biblia nos ayuda a formarlos para que piensen, actúen y vivan bíblicamente. Dios le dio la Biblia para que fuera la instructora y consejera de los niños.

Dios nos ha dado la Biblia como herramienta para criar a nuestros hijos y nietos hasta una madurez semejante a la de Cristo. Dios no nos llamó a la tarea de ser padres y abuelos, y luego esperó que descubriéramos la mejor manera de alcanzar la meta. Nos dio instrucciones detalladas sobre cómo debemos cumplir la misión y nos proporcionó siempre «en todas las cosas todo lo suficiente» para que abundemos «para toda buena obra» en la educación de nuestros hijos y nietos (2 Co 9:8).

En 2 Timoteo 3:17 encontramos un resultado muy convincente: «a fin de que el hombre de Dios sea perfecto, enteramente preparado para toda buena obra». Muchos padres se preguntan si están educando correctamente a sus hijos y si estos estarán preparados para lanzarse a la vida adulta cuando salgan de casa. Usted puede estar 100% seguro de que sus hijos tienen lo que necesitan para estar preparados *para toda buena obra* a la que Dios los llame si se les enseña lo que es verdad, los convence de pecado, los corrige con las palabras vivificantes de Dios y los instruye para vivir en obediencia al Señor.

Salmos 19

Salmos 19 ofrece una de las explicaciones más útiles del Antiguo Testamento acerca de la suficiencia de las Escrituras. El comienzo del salmo habla de la importancia de la revelación divina. Los seis primeros versículos describen la revelación de Dios en la naturaleza, lo que se conoce como revelación general. A través de la creación, Dios revela verdades generales sobre sí mismo. Romanos 1:20 resume dicha doctrina bíblica: «Porque las cosas invisibles de él, su eterno poder y deidad, se hacen claramente visibles desde la creación del mundo, siendo entendidas por medio de las cosas hechas».

La revelación general nos comunica que Dios existe y nos enseña algunos de sus atributos, como su poder y su sabiduría. Sin embargo, la creación no revela nada sobre la salvación o las cualidades morales de Dios, como su bondad, su gracia, su justicia o su amor. La gloria de Dios en la creación es tan grande que debería llevar a todos los seres humanos de la tierra a creer en su existencia y a adorarlo. El cuerpo humano, el pétalo de una flor, una brizna de hierba, la complejidad del cerebro, la naturaleza de la luz o la existencia de la gravedad anuncian la necesidad de un Creador de todo lo que existe.

Pablo afirma que Dios nos es «manifiesto», lo que significa que la existencia de Dios es evidente por sí misma y no requiere una investigación exhaustiva (Ro

1:19). A pesar de esta evidencia manifiesta, los seres humanos suprimimos la verdad y por eso necesitamos la revelación escrita de Dios en la Biblia. Pablo afirma en Romanos 1:18 que detenemos con injusticia la verdad de la revelación general de Dios cuando negamos su existencia o, en lugar de adorarlo a Él, adoramos a un dios falso.

Salmos 19 enseña que no hay conflicto entre el conocimiento científico que alcanzamos mediante el estudio de la revelación natural y la Biblia. La ciencia y la Biblia dicen lo mismo. Harry Ironside escribió: «No hay conflicto alguno entre el testimonio de la naturaleza y el testimonio de la Palabra de Dios».[6] El mundo que Dios creó concuerda con la Palabra que Dios comunicó. Aquellos que sugieren que la ciencia y la Biblia están en conflicto o malinterpretan la naturaleza o malinterpretan la Biblia. Charles Spurgeon dijo: «Es más sabio aquel que lee el libro del mundo y el libro de la Palabra como dos volúmenes de la misma obra, y su sentimiento respecto a ellos es: "Mi Padre los escribió"».[7]

Salmos 19 se escribió para ensalzar a la Palabra de Dios escrita, cuya suficiencia es perfecta, por encima de la creación. El apóstol Pedro declara que existe un testimonio de la verdad aun mayor: «Tenemos también la palabra profética más segura, a la cual hacéis bien en estar atentos» (2 Pedro 1:19).

La segunda mitad de Salmos 19, versículos 7-11, nos presenta la suficiencia de la Escritura como única guía confiable para la vida. Tómese un momento y lea los versículos 7-9:

---

6 Harry Ironside, *Studies on Book One of the Psalms* (Neptune, N.J.: Loizeaux, 1952), p.112. (*Libro sobre los Salmos*. Barcelona: Editorial Clie 1987.)

7 Charles Spurgeon, *The Treasury of David*, Psalms 1–26, vol. 1a (Grand Rapids: Zondervan, 1968), p.269. (*El Tesoro de David*. Colección Salmos. Barcelona: Editorial Clie 2015).

«La ley de Jehová es perfecta, que
convierte el alma;
el testimonio de Jehová es fiel,
que hace sabio al sencillo.

Los mandamientos de Jehová son rectos,
que alegran el corazón;
el precepto de Jehová es puro,
que alumbra los ojos.

El temor de Jehová es limpio,
que permanece para siempre;
los juicios de Jehová son verdad,
todos justos.»

Estos versículos contienen una explicación completa y clara de la suficiencia de la Escritura. Hablan de su naturaleza y función. El salmista nos ayuda a comprender lo que es la Biblia y lo que hace, y para ello utiliza una forma de paralelismo hebreo que le lleva a describir la Biblia con seis términos: ley, testimonio, mandamientos, precepto, temor y juicios. En la Biblia, Dios comunica la verdad a la humanidad sobre lo que debemos creer, el tipo de carácter que debemos desarrollar y cómo debemos vivir. La Biblia es la enseñanza de Dios para todos los ámbitos de la vida. Estos seis términos describen la amplitud de la Biblia. La Biblia es suficiente para la vida en seis aspectos:

1. *La Escritura es perfecta, convierte el alma.* La Biblia es perfecta; no es deficiente en ningún sentido. No es como el razonamiento defectuoso de la humanidad. La palabra hebrea para *perfecto* significa completo o entero. Es completa de una forma que aborda todos los aspectos de nuestra vida espiritual. El término transmite exhaustividad, dando a entender que a la Biblia no le falta nada. El salmista contrasta la

perfección de la Biblia con el razonamiento imperfecto y defectuoso de los seres humanos. La palabra *convertir* significa transformar o renovar. La Biblia es tan completa que no hay pecado ni problema que la Biblia no pueda tratar. La Biblia puede tratar con todas las formas de rebelión y es capaz de convertir el corazón de cualquier pecador y transformar cada área de nuestra vida. La Biblia es suficiente para convertir el alma.

2. *La Escritura es fiel, hace sabio al sencillo.* La Biblia es fiel, es decir, es digna de confianza. Si confiamos en sus principios y los ponemos en práctica no nos extraviaremos, sino que encontraremos la salvación, la alegría y la felicidad. Quienes basan su vida en la Biblia no necesitan sentirse inseguros, vacilantes o faltos de confianza. La verdad de la Biblia proporciona un fundamento inamovible en el que se puede confiar. El término hebreo traducido «sencillo» transmite la imagen de una puerta abierta. Una persona sencilla no pone resistencia sino que permite que entren todas las ideas. Es alguien de «mente abierta» que no sabe cerrar la entrada a falsas enseñanzas. No tiene discernimiento y es ignorante, pero la Palabra de Dios le hace sabio. La Biblia es capaz de guiarnos en las decisiones de la vida. Ser sabio es aplicar las verdades y enseñanzas de la Biblia a las situaciones cotidianas. La sabiduría consiste en aprender a ser hábil en lo que respecta a llevar una vida piadosa. La suficiencia de la Biblia significa que podemos confiarle todas las decisiones de nuestra vida. No hay ningún asunto de la vida que no se contemple en la Biblia. La persona que se cree sabia, y busca instrucción fuera de la Biblia demuestra que es necia. En 1 Corintios, Pablo afirma: «Dónde está el sabio? ¿Dónde está el escriba? ¿Dónde está el disputador de este siglo? ¿No

ha enloquecido Dios la sabiduría del mundo?» (1 Co 1:20). La Biblia es suficiente para ayudarnos a educar y tomar decisiones piadosas.

3. *La Escritura es recta, alegra el corazón.* En la Biblia no encontraremos nada torcido, su esencia es la rectitud. Ella nos enseña a caminar por una senda recta y el resultado es la verdadera alegría. La Biblia nos proporciona toda la orientación que necesitamos para tomar decisiones buenas y piadosas, así como para guiarnos a vivir de una manera agradable al Señor. Quienes siguen las enseñanzas de la Biblia no quedan abandonados a su suerte, confundidos por la opinión humana. La Biblia es suficiente para capacitarnos a caminar en obediencia a Dios. La Biblia es suficiente para orientarnos en la vida y guiarnos a vivir con rectitud.
4. *La Escritura es pura, alumbra los ojos.* La Biblia emite una luz que hace posible la visión. La Biblia ilumina el camino correcto; disipa la oscuridad, de modo que podamos caminar sin tropiezos. La Biblia aclara las cosas para que podamos ver con nitidez, sin distorsiones; no es confusa ni desconcertante. La Biblia ilumina las tinieblas para que podamos tener claridad y comprensión. Un conocido pasaje bíblico, Salmos 119:105, dice algo parecido: «Lámpara es a mis pies tu palabra, y lumbrera a mi camino». Esta verdad contrasta con la niebla de confusión de los incrédulos, que son ciegos e incapaces de discernir la verdad o vivir rectamente. La Palabra de Dios es suficiente para revelar la verdad y ayudarnos a comprenderla.
5. *La Escritura es limpia, permanece para siempre.* La Palabra de Dios permanece porque es pura. La Biblia no tiene ningún defecto, deficiencia, error o carencia. Jesús dijo: «El cielo y la tierra pasarán, pero mis

palabras no pasarán» (Mt 24:35). La verdad bíblica es impecable y eterna. Nunca cambia. La Biblia nunca es anticuada y no necesita actualizarse, pues es la revelación de Dios para cada generación. Es cierta, absoluta y se alza sobre el cimiento del carácter de Dios. Una persona sabia construirá su vida sobre la Biblia. Contrasta con las ideas corruptas del mundo, que están contaminadas y se pudren. La suficiencia de la Biblia significa que nunca cambia, es perfectamente aplicable y siempre es relevante respecto a nuestras necesidades.

6. *La Escritura es verdad, toda ella justa.* La Biblia nos advierte contra el pecado, y nos protege de las mentiras y los errores a los que estamos expuestos. Las advertencias de la Biblia son necesarias, porque el error es sutil y omnipresente. La Biblia es la herramienta que Dios nos ha dado para contrarrestar las artimañas del error. La Biblia es la norma de Dios para poner a prueba las palabras, los frutos y la vida de cada persona. La Biblia no solo nos advierte del mal y nos guarda del pecado, sino que también produce justicia en quienes aceptan la Palabra de Dios. El salmista dice que cumplir las leyes de la Biblia conlleva una gran recompensa. El pecado es su propio castigo, y la obediencia es nuestra recompensa. Somos bendecidos en nuestra obediencia. La suficiencia de la Biblia significa que nos corrige y nos hace justos.

La Biblia es la herramienta de Dios para regenerar a los perdidos, es el instrumento purificador de Dios para limpiar el pecado y el método divino para hacer crecer a los fieles hasta una madurez semejante a la de Cristo. Dios se ha revelado en la creación para que nadie pueda excusarse, pero el único lugar donde podemos encontrar la revelación salvadora y la única forma de conocer a Jesús es en la Biblia. Sin la Palabra de Dios nunca viviremos una vida santa, y los niños nunca desarrollarán una cosmovisión bíblica.

Demasiados cristianos tienen una mala opinión de la Biblia y no saben cómo utilizarla en la vida cotidiana. Segunda de Timoteo 3:15-17 y Salmos 19 nos muestran que Dios nos dio la Biblia para darle muchos usos. Contrariamente a lo que sugiere el proceder de muchos cristianos hoy en día, no hay necesidad de nuevas visiones ni profecías. La Biblia es capaz de proporcionar la dirección, sabiduría y verdad que necesitamos para conducirnos en la vida. Lo que necesitamos los cristianos es estudiar y obedecer lo que ya tenemos.

¿Utiliza la Biblia para los fines descritos en 2 Timoteo 3:15-17 y Salmos 19, o ha buscado fuentes mundanas en lugar de atenerse a la Biblia? Muchos cristianos afirman basarse en la Biblia y confiar en su veracidad, pero no creen que la Biblia sea suficiente para ayudarles a cumplir con su cometido como padres o abuelos. Por esa razón, se ha producido un abandono de la Biblia en favor de otras fuentes. Sin embargo, no debemos ser personas que recurran a la Biblia y al mundo, sino *solo* a la Biblia.

Salmos 19 concluye con este versículo: «Sean gratos los dichos de mi boca y la meditación de mi corazón delante de ti, oh Jehová, roca mía, y redentor mío» (v. 14). David quería que Dios hiciera que sus palabras y pensamientos fueran bíblicos. Si queremos que un niño piense y viva bíblicamente, debemos aprender a aplicar la Biblia a nuestra vida y utilizarla para los fines previstos por Dios.

La suficiencia de la Escritura ayuda al joven a vivir una cosmovisión bíblica. La Biblia es útil y provechosa para todas nuestras necesidades. ¿Está dispuesto a tomarle a Dios la palabra y confiar en que Él le proporcionará lo que necesita? La Biblia es verdadera, es confiable y es suficiente para guiarnos en el desarrollo de una cosmovisión bíblica. Recurramos a la Biblia para discipular a los jóvenes y dotarlos de una cosmovisión bíblica.

Guía de estudio

¿Qué dice la Escritura?

- Santiago 1:22-25
- Salmos 19

Puntos clave y preguntas para el debate

Existe un consenso cada vez mayor en que los cristianos no saben cómo aplicar la Biblia a la vida, por lo que buscan otras fuentes de orientación en todos los asuntos, incluido el del papel de los padres y los abuelos en la educación de hijos y nietos.

- ¿Cuáles son algunas de las fuentes actuales a las que suelen acudir los padres en busca de ayuda para educar a sus hijos?
- ¿Qué soluciones ofrece la Biblia a los desafíos que usted está experimentando con sus hijos o nietos? ¿Se le ocurre alguna referencia bíblica que aborde este tema?
- La Biblia nos exhorta a aplicar Su Palabra, en lugar de limitarnos a escucharla. Según Santiago 1:22-25, ¿cuál es el resultado de aplicar intencionadamente la Palabra de Dios?
- ¿En qué medida aplica usted la Biblia a su vida? Cuando tiene que tomar una decisión, ¿busca en la Palabra de Dios o lo hace en una fuente distinta?

Segunda Timoteo 3:15-17 y Salmos 19 son los dos pasajes más completos de la Escritura sobre la doctrina de la suficiencia de la Biblia y nos ayudarán a entenderla y aplicarla a la vida cotidiana, incluida la educación de hijos y nietos por parte de padres y abuelos. Lea 2 Timoteo 3:15-17 y analice las siguientes cuatro funciones de la Biblia:

1. *Enseñar con la Biblia, para saber cuál es la verdad.* La Biblia nos fue entregada para que supiéramos distinguir entre lo que es verdadero y lo que es falso. Por ejemplo, el significado de la hombría y la feminidad, del matrimonio, saber lo que está bien y lo que está mal. En Juan 17:17, Jesús resume la Palabra de Dios con una palabra, ¿cuál es esa palabra?
2. *Traer convicción con la Biblia, para convencer cuando hay pecado.* La Biblia revela los requisitos de Dios y, al hacerlo, condena y expone nuestro pecado. En griego, la palabra «redargüir» se refiere al proceso legal de ser encontrado responsable de un crimen. La Biblia debería convencernos a todos de que hemos infringido la ley de Dios y, por tanto, estamos condenados. Lea Juan 5:24. ¿Cuál es el significado bíblico del término «condenación»?
3. *Corregir con la Biblia, para hacer lo recto.* La Biblia tiene el poder de corregir, es decir, de enderezar lo torcido. La Biblia contiene versículos que abordan actitudes, acciones, pensamientos y motivos. También podemos encontrar en las páginas de la Palabra de Dios pasajes que tratan asuntos relacionados directa o indirectamente con la educación de los hijos, como la rivalidad entre hermanos, la manera de disciplinar a los niños, o como la ansiedad y la depresión. Mencione pasajes bíblicos donde se hable de algunos de estos temas.
4. *Instruir en justicia, para saber cómo vivir.* La palabra griega instruir se refiere a la crianza o educación de un niño. El propósito de Dios en cuanto a la educación bíblica es que nuestros hijos aprendan a tomar

decisiones sabias y piadosas. Aunque su inclinación sea la de desarrollar hábitos pecaminosos, los niños pueden ser instruidos a pensar, actuar y vivir bíblicamente. Dios nos ha entregado la Biblia como una herramienta con la que llevar a nuestros hijos a alcanzar la madurez de Cristo. ¿De qué manera puede utilizarse la Palabra de Dios para instruir en justicia a un hijo o nieto?

A continuación, sigamos explorando la suficiencia de la Escritura mediante el análisis de Salmos 19. En él se afirma de manera enfática que los atributos invisibles de Dios se hacen claramente visibles desde el principio de los tiempos a través de la naturaleza. Por todas partes podemos ver evidencias de la existencia de Dios, de sus atributos y de su poder. También nos ofrece una explicación completa y clara de la suficiencia de la Escritura como única guía fiable para la vida. Vamos a examinar seis características de la Biblia que la hacen suficiente para la vida:

1. *La Escritura es perfecta, convierte el alma.* La Biblia no tiene ninguna deficiencia. La palabra hebrea para perfecto significa completo o íntegro. La Biblia es tan completa que no hay pecado, problema o transgresión que no pueda tratarse con ella. Mencione un problema y vea si alguien puede referirse rápidamente a un pasaje bíblico que lo aborde.
2. *La Escritura es fiel, hace sabio al sencillo.* La verdad de la Biblia proporciona un fundamento inamovible en el que se puede confiar. La palabra bíblica «sencillo» nos sugiere la imagen de una puerta abierta, o de una mente abierta. Una persona sencilla es aquella que no sabe lo suficiente como para cerrar su mente a las falsas enseñanzas, pero la Palabra de Dios puede hacerla sabia. El mundo valora y alienta que tengamos

una «mente abierta». ¿Cómo se contrapone esto a la confiabilidad de la Escritura?

3. *La Escritura es recta, alegra el corazón.* Decir que la Palabra es «recta» es negar que haya en ella algo «torcido». La Biblia es suficiente para orientar nuestra vida y guiarnos a una forma correcta de vivir. Según Proverbios 11:3, ¿qué logrará la integridad de los rectos? ¿Los llevará por un camino torcido?
4. *La Escritura es pura, alumbra los ojos.* La Biblia ilumina el camino correcto, lo que nos permite caminar sin tropezar en la oscuridad. ¿Con qué se compara a la Palabra de Dios en el Salmo 119:105?
5. *La Escritura es limpia, permanece para siempre.* La Biblia no tiene ningún defecto, insuficiencia, error o carencia. La Palabra es perfecta, eterna e inmutable. Mencione varias cosas de nuestra vida que sean cambiantes (como las modas). En cambio, la Palabra de Dios sigue siendo la misma.
6. *La Escritura es verdadera, totalmente justa.* La Biblia nos advierte contra el pecado y nos protege de las mentiras y los errores a los que estamos expuestos. Necesitamos las advertencias de la Biblia, porque el error es sutil y se extiende por todas partes. En Juan 16:13-14 Jesús promete que seremos guiados a toda la verdad. ¿Cómo?

✓ Conclusión

Debemos examinarnos a fondo y averiguar si nos atenemos o no a nuestra creencia en la suficiencia de la Escritura. La Biblia es plenamente adecuada para proveernos dirección, sabiduría y verdad para la vida diaria. Pregúntese:

- ¿Utilizo la Biblia para los fines descritos en 2 Timoteo 3:15-17 y Salmos 19?
- ¿He buscado fuentes alternativas a la Biblia para orientarme en la vida?
- ¿Creo que la Biblia es suficiente para satisfacer las necesidades de la vida?
- ¿Pueden mis hijos o nietos observar cómo aplico los principios bíblicos a la vida?

La suficiencia de la Escritura ayuda a los jóvenes a poner en práctica una cosmovisión bíblica. La Biblia es verdadera, es confiable y constituye una guía suficiente para discipular a nuestros jóvenes con una cosmovisión bíblica.

7

Seis maneras de ayudar a los niños a vivir como la Biblia

Cómo enseñarles a leer y estudiar la Biblia

Es de suma importancia que la vida de nuestros hijos esté centrada en la Biblia. Padres, abuelos, pastores y educadores tienen la responsabilidad de enseñar a los niños a amar la Palabra de Dios y a vivir de acuerdo con ella. La mayoría de los padres enseñan a sus hijos a jugar al fútbol, a montar en bicicleta, a arreglar un automóvil o a administrar su dinero; sin embargo, pocos padres entrenan a sus hijos a leer y meditar diariamente en la Palabra de Dios.

Como pastor, he conocido a un gran número de cristianos, incluidos niños, a los que nunca se les ha enseñado a tener un tiempo de recogimiento y que no leen la Biblia. Como resultado, hay un alto índice de analfabetismo bíblico, el relativismo moral es bastante común y la confusión doctrinal está muy extendida. Los niños no pueden vivir según los caminos de Dios si no conocen su Palabra.

La Biblia nos anima a «meditar» diariamente en la Palabra de Dios (Sal 1:2) y atesorarla en nuestro corazón (Sal 119:11). Estos mandamientos se aplican tanto a los adultos como a los niños. Si desea influir significativamente en la fe de sus hijos, convierta en una prioridad el enseñarles a estudiar y memorizar la Biblia. No hay mayor regalo que transmitir a un niño el amor por la Palabra de Dios. Formarlo para que desarrolle el hábito espiritual de la lectura de las Escrituras constituirá una herencia duradera (Sal 119:111).

La importancia de leer la Biblia

¿Qué ayuda a los niños a desarrollar una fe profunda y duradera en Cristo? Según un estudio de Lifeway realizado entre 2000 padres protestantes, estos fueron los factores que más influyeron en su fe cuando eran niños:

1. El niño leyó regularmente su Biblia durante su infancia.
2. El niño dedicó regularmente tiempo a la oración durante su infancia.
3. El niño sirvió regularmente en la iglesia durante su infancia.
4. El niño escuchó principalmente música cristiana.
5. El niño participó en viajes/proyectos misioneros de la iglesia.
6. El mejor amigo del niño durante su infancia le influyó para que siguiera a Cristo.
7. El niño se relacionó con varios adultos que se interesaron expresamente por él.
8. Los padres solían remarcarle principios bíblicos en situaciones cotidianas y les pedían perdón cuando cometían errores.
9. Cada uno de sus hermanos.
10. El niño asistió con frecuencia a los servicios religiosos durante su infancia.[1]

Muchos padres y abuelos se preguntan si hacen lo correcto o mantienen las conversaciones adecuadas. Lo

---

1 Jana Magruder, *Nothing Less: Engaging Kids in a Lifetime of Faith*, (Nashville: LifeWay Christian Resources, 2017), pp.49–51.

que necesitamos no son métodos originales ni novedosos, sino el compromiso de poner en práctica lo que la Biblia nos llama a hacer respecto a la evangelización y el discipulado de los niños. ¿Le sorprende que este estudio haya descubierto que lo más importante son los hábitos espirituales, el servicio, los medios de comunicación que honran a Cristo, las relaciones cristianas (amigos, familia y educación), el discipulado familiar y la participación en la iglesia?

Según este estudio, lo que más influye en el discipulado de los niños es ayudarles a desarrollar el hábito de la lectura de la Biblia. La cosmovisión bíblica se basa en el conocimiento de la verdad (1 Ti 2:4; 2 Ti 2:25; Tit 1:1). El primer punto de la lista nos recuerda que una cosmovisión bíblica se desarrolla, en parte, leyendo la Biblia y meditando en ella a diario. Cuanto más se lea la Biblia, más se podrá comprender y aplicar a la vida. Es difícil detectar las falsas doctrinas o los puntos de vista erróneos cuando reina la incertidumbre respecto a lo que afirma la Biblia.

La mayoría de los cristianos no ha desarrollado nunca el hábito de leer la Biblia a diario y eso supone un grave problema. Lifeway encuestó a 2930 protestantes y descubrió que solo el 19% de los cristianos leen la Biblia todos los días.[2] Eso significa que solo 1 de cada 5 cristianos que asiste a la iglesia lee la Biblia de forma habitual. Según un estudio conjunto de Barna y Summit Ministries, solo el 17% de los cristianos tienen una cosmovisión bíblica.[3] ¿Es una coincidencia que esas dos cifras sean casi idénticas?.

---

2 Magruder, *Nothing Less*, p.74.

3 Relevant Magazine, "Research: Only 17% of Christians Actually Have a Biblical Worldview", 11 de mayo del 2017, visitado el 25 de enero del 2019, https://relevantmagazine.com/slice/research-only-17-of-christians-actually-have-a-biblical-worldview/.

Si quiere que el esfuerzo invertido en los niños produzca resultados significativos y de gran impacto, cree en ellos el hábito de leer la Biblia. A muchos niños nunca se les enseña a tener un tiempo de meditación, a interpretar las Escrituras o a aplicar los principios de la Biblia a su vida. Desde luego, la lectura de la Biblia es un acto valioso en sí mismo, aunque solo sea por el contenido de sus páginas, pero no queremos que nuestros hijos se limiten a leerla. El diablo se sabe la Biblia de memoria, pero la utilizó contra Jesús. Queremos que nuestros hijos saboreen la Palabra de Dios, que amen la verdad, que mediten en ella día y noche y que supliquen al Señor que les abra los ojos a su belleza.

El problema del analfabetismo bíblico

El analfabetismo bíblico es un gran problema para los jóvenes cristianos. Woodrow Kroll considera que el analfabetismo bíblico es una epidemia en Estados Unidos. Según él, más del 80% de los cristianos de todas las edades son analfabetos bíblicos, lo que significa que solo 2 de cada 10 cristianos saben explicar y defender su fe.[4] Y esto sucede también en otros países.

En opinión de Kroll, el analfabetismo bíblico es la falta de familiaridad con la Escritura, el desconocimiento de sus textos y la incapacidad de interpretarlos correctamente debido a la decisión de desatender la lectura de la Biblia.[5] El analfabetismo bíblico es el resultado de elegir no leer la Biblia y los resultados son catastróficos. George Gallup Jr. afirma: «Está claro que es necesario tratar el analfabetismo bíblico en este país con toda la urgencia de una crisis sanitaria».[6] Alex McFarland declara:

4 Woodrow Kroll, "The New America and the New Bible Illiteracy", 27 de junio del 2007, visitado el 27 de septiembre del 2018, http://freerepublic.com/focus/f-religion/1857058/posts

5 Íbid.

6 Íbid.

> La mayoría de los «millenials» son analfabetos bíblicos. La mayor parte de ellos han descuidado la lectura y la aplicación de la Biblia. Así que, cuando entran en contacto con una creencia o religión que compite con la suya, son incapaces, por supuesto, de defender la fe cristiana. Una de las maneras en que Satanás ha logrado esto es a través de la falsa enseñanza del naturalismo: una ideología que enseña que no hay Dios, verdad absoluta, significado o vida después de la muerte.[7]

Si queremos que las generaciones futuras piensen y vivan bíblicamente, crezcan a la madurez cristiana, sigan a Jesús de forma perdurable e impacten en el mundo para la gloria de Dios, tenemos que desarrollar en nuestros hijos el hábito de leer las Escrituras, interpretarlas correctamente y aplicarlas a su vida. A continuación, presentamos seis maneras de lograrlo.

1. Desarrolle el hábito de leer la Biblia

Su primera prioridad es dedicar un tiempo diario a leer y llenarse de la Palabra de Dios. «Y estas palabras que yo te mando hoy, estarán *sobre tu corazón*; y las repetirás *a tus hijos* [énfasis añadido]» (Dt 6:6-7). Fíjese en cómo destaca Dios, en este pasaje, el orden que debe seguirse. Primero la Palabra de Dios debe estar en su corazón, luego podrá enseñarla a sus hijos.

Los recipientes vacíos no tienen nada que dar. No se puede transmitir a los hijos lo que no se tiene. No transmitirá pasión por la Escritura si usted mismo no la atesora. No puede formar a los niños para que desarrollen las habilidades necesarias para estudiar la Palabra de Dios si usted no las ha cultivado en su propia vida. Si usted es pastor o educador cristiano, asegúrese de que las labores del ministerio no anulen su tiempo con la Palabra

7 Alex McFarland y Jason Jiménez, *Abandoned Faith: Why Millennials are Walking Away and How You Can Lead Them Home* (Illinois: Tyndale House, 2017), 29.

de Dios. Si no dedica tiempo diariamente a la Palabra de Dios, entonces esta debe ser su mayor prioridad.

La crianza y educación de los niños comienza con la gozosa experiencia de la lectura de la Biblia. Abra la Palabra de Dios y déjese bendecir por su verdad y belleza, seducir por sus profundidades y sus alturas, y cautivar por el Dios glorioso que hay en sus páginas.

2. Practique el culto familiar

El culto familiar es el medio para presentar a los niños las verdades de la Escritura y prepararlos para la vida cristiana. Consiste en la lectura de las Escrituras, la oración y la alabanza a Dios, a menudo con música, en familia. Dios ha dado al padre el papel de líder espiritual de la familia, pero tanto el padre como la madre deben participar en la instrucción bíblica de los hijos (Ef 6:4; Pro 1:8).

La mayoría de los padres no leen la Biblia con regularidad en el hogar y eso hace que les resulte más difícil criar a sus hijos en el Señor. Las iglesias y las escuelas cristianas pueden ayudar a las familias enseñando a padres y abuelos a desarrollar el hábito de leer la Escritura a los niños y comentar su significado.

Considere algunos pensamientos prácticos:

- *Lea la Biblia, no los pensamientos de alguien sobre la Biblia.* Los comentarios devocionales son útiles, pero la fuente principal debe ser la Biblia. Mi esposa y yo damos prioridad a la lectura de la Biblia a nuestros hijos. Elegimos los pasajes estratégicamente, basándonos en lo que les estamos enseñando. Proverbios es el único libro de la Biblia escrito para los jóvenes y debería recibir un fuerte énfasis en su hogar o aula.
- *Lea toda la Biblia a los niños.* El modelo de la Escritura es enseñar a los niños las verdades profundas

de toda la Biblia. En Colosas o en Éfeso no se excluía a los niños cuando se trataban temas difíciles. Los niños estaban presentes para recibir la orden de obedecer a los padres y, por lo tanto, también lo estaban para escuchar el todo el contenido de estos dos libros.

- *Lea brevemente*. Recuerde que son niños. Cuanto más pequeño sea un niño, menor será su capacidad de atención. No espere que su hijo estudie la Biblia como un adulto. Intente que su lectura familiar sea concisa, pertinente y significativa. Al principio, diez minutos constituyen un tiempo prudencial. A medida que los niños se vayan sintiendo más cómodos con este hábito espiritual, podrá aumentar el tiempo que pasan leyendo la Biblia juntos.
- *Incluya a los niños en la lectura y la discusión*. Su objetivo es explicar la Escritura de forma clara y bíblica, que los niños participen en el proceso y ayudarles a aplicar la verdad de Dios a su vida.

Si el culto familiar no es un hábito normal en su hogar, no se desanime por el niño que se queja, no responde a las preguntas o intenta que fracase ese momento. Una vez que el niño aprenda que usted se toma en serio la lectura regular de la Biblia, entrará en la rutina de escuchar y responder.

3. Enseñe a los niños las doctrinas fundamentales del cristianismo

Es poco probable que los jóvenes permanezcan fieles a una fe que no entienden y que no pueden defender. Los padres y los abuelos deben enseñar a los niños de todas las edades las doctrinas centrales de la fe cristiana con un celo y una consistencia que sigan el modelo de la Biblia.

Como mencioné anteriormente, en Timoteo leemos: «y que *desde la niñez* has sabido las Sagradas Escrituras, las cuales te pueden hacer sabio para la salvación por la fe que es en Cristo Jesús [énfasis añadido]» (2 Ti 3:15). Y Salmos declara: «Oh Dios, me enseñaste *desde mi juventud,* y hasta ahora he manifestado tus maravillas [énfasis añadido]» (Sal 71:17).

El modelo de la Escritura es que a los niños de todas las edades se les enseñen las verdades fundamentales de la Biblia para que estén firmemente arraigados en Cristo y confirmados en su fe (Col 2:7). La Biblia establece claramente lo que les ocurre a los niños si no están bien cimentados en la Palabra de Dios.

He aquí tres ejemplos:

1. Los niños son llevados cautivos por las ideas de los hombres y engañados por las tradiciones humanas (Col 2:8).
2. Los niños se vuelven rebeldes y viven una vida impía e infiel (Sal 78:8).
3. Los niños crecen sin conocer a Dios ni sus grandes obras (Jue 2:10).

Estos temas deben enseñarse a los niños de todas las edades:

El evangelio

El evangelio es buenas noticias porque aborda nuestro problema más grave. Un resumen de su contenido sería: «Nos hemos rebelado contra el Dios Santo que nos creó. Dios ha obrado en Jesús para salvarnos, y nosotros podemos apropiarnos de esa salvación arrepintiéndonos del pecado mediante la fe en Jesús». Con respecto al evangelio, usted debe tener el triple objetivo de que sus hijos (1) lo entiendan claramente, (2) puedan explicarlo de forma concisa y (3) lo proclamen con confianza. Los niños tienen la responsabilidad personal de arrepentirse y creer en Jesucristo.

Un panorama de la Biblia

La Biblia no es una colección aleatoria de personajes o acontecimientos. Es un todo unificado con un argumento principal que apunta a Jesús, gira en torno a Él y se cumple en Él. La Biblia consta de cuatro partes principales: la creación (Gn 1–2), la caída (Gn 3), la salvación (Gn 4–Ap 20) y la restauración (Ap 21–22). Mientras lee el Antiguo Testamento, ayude a los niños a ver cómo este apunta a Jesús y a su pacto de salvación. El propio Jesús lo hizo: «Y comenzando desde Moisés, y siguiendo por todos los profetas, les declaraba en todas las Escrituras lo que de él decían» (Lc 24:27). Jesús es el centro de toda la Biblia. El objetivo principal de la lectura de la Biblia es saber más sobre Jesús para que lleguemos a ser como Él.

La doctrina

Doctrina es, sencillamente, el término que utilizamos para referirnos a lo que enseña la Biblia. Pablo exhorta al joven Timoteo: «Ten cuidado de ti mismo y de la doctrina» (1 Ti 4:16). Todo niño necesita comprender las doctrinas fundamentales de la fe cristiana para crecer y convertirse en un hombre o una mujer con convicciones y seguir a Dios.

Las dos doctrinas más importantes que deben aprender los niños son las de la Palabra de Dios y la del Hijo de Dios. Enseñar a los niños la inerrancia, autoridad y suficiencia de la Biblia significa estar seguro de que uno los ha educado bien. Las familias de éxito forman a los niños para que acepten la supremacía, exclusividad, deidad y señorío de Jesucristo. Un alto porcentaje de los ataques a la fe de un niño se centrará en socavar, destruir o minimizar su creencia bíblica en la Palabra de Dios y en el Hijo de Dios.

Además, debemos enseñar una y otra vez, y con mayor profundidad a medida que los niños crecen, temas como la creación, para contrarrestar la evolución; el diseño divino del matrimonio como unión entre un hombre y una mujer, para contrarrestar la homosexualidad; la realidad del cielo y el infierno, para contrarrestar la afirmación de que la muerte es el fin de toda existencia; la obra expiatoria de Jesús, para contrarrestar la afirmación de que todas las religiones conducen al mismo Dios; la Trinidad, y el carácter de Dios, entre otros asuntos.

4. Regale una Biblia a sus hijos

Cuando mi madre se estaba muriendo de ELA me preguntó cuál de sus posesiones quería como recuerdo. Mi madre tenía joyas caras, dinero y cosas con valor mundano, pero lo que yo más quería era su Biblia. La Biblia de mi madre es la expresión física del mayor regalo que me hizo: el amor por la Palabra de Dios. Su Biblia está hecha jirones y desgarrada. Sus páginas están amarillas y marcadas. Fue bien usada y bien amada. Me gustaría que usted hiciera este mismo regalo a sus hijos.

Compre una Biblia de cuero de alta calidad y personalícela para cada niño. Elija una versión de texto completo y fácil de leer, que el niño pueda utilizar a medida que crezca. Una buena edad para regalarla es en primaria, entre los 10 y 12 años.

Planifique una ceremonia o comida especial en torno a este acontecimiento. Antes de entregar la Biblia a su hijo, subraye o resalte los pasajes que desee destacar. Haga anotaciones en los márgenes y escriba breves notas de ánimo y afirmación. Que su regalo ayude a su hijo a amar la Palabra de Dios y a hacer eco del salmista: «¡Cuán dulces son a mi paladar tus palabras! Más que la miel a mi boca» (Sal 119:103).

5. Enseñe a los niños cómo estudiar la Biblia

Durante los primeros años de la vida de un niño, el padre es quien debe alimentarlo espiritualmente. Pero dicha responsabilidad debe pasar de forma gradual al niño. Para ello, los padres deben enseñar a su hijo a leer la Biblia. Los niños deben aprender los métodos básicos de estudio de la Escritura, entre otros, la observación, la interpretación y la aplicación. Este tipo de abordaje se conoce como estudio bíblico inductivo.

Observación: pregúntese, *¿qué dice este pasaje?* Observar es fijarse bien en lo que ocurre en un pasaje de la Escritura. La observación correcta es clave para comprender el significado del texto. Necesitamos leer la Biblia a conciencia, despacio y en oración para entender lo que Dios dice.

Interpretación: pregúntese, *¿qué significa esto?* La interpretación consiste en intentar comprender la intención del autor. La interpretación se ve afectada por la distancia cultural entre el intérprete y el autor, por los prejuicios que aportamos al texto y por el contexto en el que se encuentra el pasaje. No podemos entender un versículo sin entender un capítulo. No podemos entender un capítulo sin entender todo el libro. Debemos enseñar a los niños a interpretar la Escritura con la Escritura y a consultar recursos, como los comentarios bíblicos, con el fin de comprender mejor un pasaje. Otras preguntas que nos ayudan a comprender un pasaje son: ¿Qué cualidad positiva de nuestro Dios destaca este pasaje? ¿Qué cualidad negativa se destaca de la humanidad o qué cosa del mundo vemos que necesita ser reparada? ¿Qué se enseña sobre Jesús?

Aplicación: pregúntese, *¿qué exige de mí este pasaje?*, y ¿qué sabiduría se enseña que pueda aplicarse a la vida? Acudimos a la Biblia en busca de transformación, no solo de información. La Palabra de Dios tiene autoridad para decirnos cómo vivir. Formamos a los niños para que obedezcan todos los mandamientos de Dios, no solo los que les gustan. Enseñe a los niños que la obediencia es esencial, no opcional.

6. Proporcione herramientas de estudio de la Biblia a los niños

Todos los niños deberían saber utilizar las siguientes herramientas de estudio bíblico, que pueden convertirse en excelentes regalos. Considere la posibilidad de crear una biblioteca de referencia para cada niño con los siguientes recursos:

Comentarios: los comentarios bíblicos explican el significado de la Escritura y cómo aplicarla. Sus autores son expertos que han dedicado una gran cantidad de tiempo a estudiar la Biblia, y utilizan los comentarios para explicar aquello que han descubierto. La Escritura puede ser difícil de entender, por lo que es útil que un joven tenga buenos comentarios.

Diccionarios bíblicos: Los diccionarios bíblicos abordan por orden alfabético los diferentes aspectos de la Escritura. Gracias a estas herramientas, un joven aprenderá a buscar personas, lugares y temas bíblicos. Los diccionarios de la Biblia ayudan encontrar rápidamente información sobre personajes conocidos y poco conocidos de la Biblia, o sobre el significado de una palabra. También puede buscarse en ellos información de carácter temático, como por ejemplo, sobre la fe y aprender más sobre asuntos específicos.

Concordancias: las concordancias enumeran por orden alfabético cada una de las palabras utilizadas en la Biblia e indican la referencia de los pasajes donde se encuentran. Son extremadamente útiles si un joven quiere estudiar una palabra específica, o recuerda una palabra usada en un pasaje, pero no puede recordar la referencia bíblica exacta.

Atlas bíblicos: Un atlas bíblico le enseñará la geografía de la Biblia, la ubicación de las ciudades y el paradero de acontecimientos importantes. Por ejemplo, aunque ambas se encuentren hoy en los límites del Jericó moderno, resulta útil saber que existió una Jericó del Antiguo Testamento y otra Jericó del Nuevo Testamento. Por ejemplo, en ocasiones, los evangelios mencionan que Jesús caminó hasta cierto lugar. Este tipo de referencias geográficas son útiles para comprender mejor un texto.

Nuestro objetivo debe ser criar hijos que sean buenos conocedores de la Escritura, a semejanza de los cristianos de Berea: «Y éstos eran más nobles que los que estaban en Tesalónica, pues recibieron la palabra con toda solicitud, escudriñando cada día las Escrituras para ver si estas cosas eran así» (Hch 17:11).

Guía de estudio

¿Qué dice la Escritura?

- Salmos 1
- Salmos 119:9-16

Puntos clave y preguntas para el debate

Si queremos que los miembros de la próxima generación piensen y vivan bíblicamente, se transformen en cristianos maduros, sean seguidores de Jesús durante toda su vida e impacten el mundo en *su Nombre*, tenemos que instruirlos para que desarrollen el hábito de leer la Escritura, interpretarla correctamente y aplicarla a su vida. Estas son seis maneras de hacer que eso suceda:

1. *Desarrolle el hábito de leer la Biblia*. Nuestra prioridad más importante es leer la Palabra de Dios. Dicha lectura debe hacerse de manera frecuente y consistente. Deuteronomio 6:5-9 establece cómo y cuándo enseñar a nuestros hijos. Dé ejemplos de cómo hacer esto hoy en día en la familia. ¿Cómo ha enseñado a sus hijos el hábito de leer la Biblia?
2. *Practique el culto familiar*. El culto familiar consiste en leer y comentar las verdades de la Escritura, acompañándolas de oración y alabanza. En Efesios 6:4, el término griego traducido «padres» se refiere en exclusiva al progenitor masculino, lo que nos orienta sobre quién debe ser el líder espiritual en el hogar. Respecto al culto familiar, ¿qué éxitos ha obtenido y a qué desafíos se ha enfrentado? ¿Utiliza algún recurso o método que pueda resultar útil a los demás?

3. *Enseñe a los niños las doctrinas fundamentales del cristianismo*. El modelo de la Escritura es enseñar a los niños las verdades fundamentales de la Biblia, para que estén firmemente arraigados en Cristo y firmes en su fe. ¿Qué ocurre cuando los niños no están bien cimentados en la Palabra de Dios? Para responder a esta pregunta, lea y comente los siguientes pasajes.
    - Colosenses 2:8
    - Salmos 78:8
    - Jueces 2:10-12
4. *Regale a su hijo una Biblia*. Debe contener todo el texto de la Escritura y ser apropiada para su edad.
5. *Enseñe a sus hijos a estudiar la Biblia*. Durante los primeros años de la vida de un niño, los padres son los encargados de alimentarlo espiritualmente. Pero esa responsabilidad debe trasladarse gradualmente al niño. Es necesario enseñar a los niños los métodos básicos de estudio de la Biblia, que incluyen:
    - Observación: ¿Qué dice este pasaje?
    - Interpretación: ¿Qué significa esto?
    - Aplicación: ¿Qué requiere este pasaje de mí? ¿Qué mensaje de sabiduría contiene que pueda aplicar a mi vida?
6. *Proporcione herramientas de estudio de la Biblia a los niños*. Todos los niños deberían saber cómo utilizar las siguientes herramientas de estudio bíblico. ¿Cuándo conoció las herramientas de estudio de la Biblia?
    - Comentarios
    - Diccionario bíblico
    - Concordancia
    - Atlas bíblico

¿Cómo ha enseñado a sus hijos a utilizar alguna de estas?

Cuando un experto en la ley le preguntó a Jesús cuál era el mayor mandamiento de la ley (Mt 22:35-40), la respuesta de Jesús fue un desarrollo de Deuteronomio 6:4-5: «Amarás al Señor tu Dios con todo tu corazón, y con toda tu alma, y con toda tu mente. Este es el primero y grande mandamiento. Y el segundo es semejante: Amarás a tu prójimo como a ti mismo. De estos dos mandamientos depende toda la ley y los profetas». Cuando Deuteronomio habla de inculcar los mandamientos de Dios en el corazón de nuestros hijos, debemos centrarnos en estos tres importantes temas:

1. *Un panorama de la Biblia*. La Biblia no es simplemente una colección aleatoria de personajes o acontecimientos. Constituye un todo unificado con una línea argumental principal que apunta a Jesús, gira en torno a Él y se cumple en Él. Al leer la Biblia, ayude a los niños a ver cómo apunta hacia Jesús y su pacto de salvación. Para ello, los cuatro temas principales (que se desvelarán en los próximos capítulos) son:

    - La creación (Gn 1–2)
    - La caída (Gn 3)
    - La salvación (Gn 4–Ap. 20)
    - La restauración (Ap 21–22)

2. *El evangelio*. El evangelio es buenas noticias porque aborda nuestro problema más grave y ofrece una solución. Puede resumirse así:

    - Nos hemos rebelado contra el Dios santo que nos creó. Lea Romanos 3:10-18.
    - Dios envió a Jesús para salvarnos. Lea 1 Juan 4:14.
    - Nos apropiamos de la salvación mediante el arrepentimiento del pecado a través de la fe en Jesucristo. Lea Hechos 3:17-20.

- Recibimos una nueva vida en Cristo. Lea 2 Corintios 5:17

3. *La doctrina*. El término doctrina se utiliza para describir lo que la Biblia enseña. En 1 Timoteo 4:16 se nos plantea un desafío: «Ten cuidado de ti mismo y de la doctrina». Las doctrinas fundamentales de la fe cristiana son las que tienen que ver con la Palabra divina y con el Hijo de Dios. Hoy en día, ¿qué doctrinas especialmente importantes deberíamos enseñar a los niños?

✔ Conclusión

Un alto porcentaje de los ataques a la fe de un niño se centrarán en socavar, destruir o minimizar su fe en la Palabra divina y en el Hijo de Dios. Uno de nuestros objetivos es enseñar a los niños la inerrancia, la autoridad y la suficiencia de la Biblia, y formarlos para que acepten la supremacía, la exclusividad, la deidad y el señorío de Jesucristo. Nuestro objetivo debe ser criar hijos poderosos en la Escritura, conforme al modelo de Berea: «Y éstos eran más nobles que los que estaban en Tesalónica, pues recibieron la palabra con toda solicitud, escudriñando cada día las Escrituras para ver si estas cosas eran así» (Hch 17:11).

8

Cómo ayudar a los niños a desarrollar una cosmovisión bíblica

El uso de Colosenses 2

Debemos trabajar con diligencia para convencer a los niños de que la Biblia es verdadera, digna de confianza y autoritativa en todos los asuntos de la vida. También hay que formar a los jóvenes para que acepten la suficiencia de la Escritura y aprendan a aplicar los principios y las prácticas de Dios a la vida. Cuando un niño confía en Jesús para su salvación, Dios nos da la responsabilidad de ayudarlo a madurar a la semejanza de Cristo (Col 1:28-29). Un aspecto central de la madurez en Cristo es formar al joven para que piense y viva bíblicamente. Nuestro objetivo es que adquiera una perspectiva bíblica de toda la vida. Una de las formas más importantes de hacerlo es ayudarlo a leer la Biblia, porque en sus páginas escuchará a Dios, recibirá orientación para la vida y será transformado a imagen de Cristo.

En Colosenses 2:6-8, Pablo presenta un proceso de dos pasos que podemos utilizar para ayudar a los niños a desarrollar una cosmovisión bíblica. El primer paso consiste en enseñar a los niños la verdad bíblica, para que reciban a Cristo, sigan su camino y se arraiguen profundamente en la fe (Col 2:6-7). Pablo quiere que los creyentes sean edificados en Cristo y se consoliden en una fe que perdure a lo largo de toda su vida. ¿Cómo se consigue esto? El apóstol dice: «así como habéis sido *enseñados* [énfasis añadido]» (Col 2:7). Existe una correlación entre la enseñanza de la verdad bíblica y una fe perdurable en Cristo.

Verdades bíblicas fundamentales

Es necesario enseñar toda la Biblia a los niños, pero hay doctrinas clave y verdades fundamentales que deberían recibir mayor énfasis en nuestra enseñanza. Mi esposa Jen y yo las tenemos presentes cuando leemos la Biblia con nuestros hijos, con el fin de moldear deliberadamente la mente y el corazón de nuestros hijos en estas materias. Además, con cada hijo en concreto, nos centramos en una verdad durante una temporada, para así fomentar su crecimiento espiritual.

La lista que presentaremos en este capítulo, no pretende ser exhaustiva, sino proporcionar un número manejable de verdades fundamentales que deberían recibir un lugar destacado en nuestros estudios bíblicos familiares y en las aulas. Al hacer uso de la lista, escriba el nombre del niño junto a uno de los temas y céntrese en él durante una temporada mediante el estudio de la Escritura y la discusión o la lectura de un libro cristiano sobre el mismo asunto. Continúe haciendo lo mismo con los demás temas y, al cabo de un tiempo, habrá abordado con el niño algunas de las verdades más importantes de la Escritura.

Tema Bíblico	Versículos clave	Idea central
La Biblia	2 Ti 3:15; Sal 119:160	¿Es cierta la Biblia? ¿La obedeceré? Autoridad, inerrancia y suficiencia bíblicas. La Biblia es la fuente de la verdad.
La fe en Dios	Gn 1:1	¿Quién es Dios? Enseñe a los niños que Dios existe. Debemos aprender sobre su carácter y adorarlo.
Entender la humanidad	Gn 1:26	¿Quién soy yo? Imagen de Dios ¿Qué significa ser humano? Tenemos valor y dignidad porque hemos sido creados por Dios. Somos la obra maestra de la creación de Dios. No somos Dios.
Masculinidad y feminidad	Gn 1:27	¿Qué es un hombre? ¿Qué es una mujer? ¿En qué se diferencian? ¿Cuál es su función? Debemos gozarnos en el acertado diseño de Dios para el hombre y la mujer.
El significado de la vida	Gn 1:28	¿Por qué existo? Existimos con un propósito. Concéntrese en el mandato de la creación, que nos enseña a multiplicarnos y ejercer dominio. Dios nos creó para ser sus representantes y llevar a cabo su obra en la tierra.
Matrimonio y soltería	Gn 2:22,24	¿Qué es el matrimonio? ¿Cuál es su finalidad? El matrimonio es la unión de un hombre con una mujer para toda la vida. Los roles bíblicos son cabeza (hombre) y compañera (mujer).

Obediencia, autoridad y moralidad	Ex 20; Dt 5; Mt 22:36-40; Ef 6:1-2	¿Qué está bien y qué está mal? Algunos aspectos clave de la formación: Obedecer y temer a Dios. Los hijos deben obedecer a sus padres en el Señor. Respeto y sumisión. El gran mandamiento: Amar a Dios, amar al prójimo.
Sexualidad	Cantares; Sal 119:9; 1 Co 6:20	¿Cuál es la finalidad del sexo? ¿Cómo puede un joven mantenerse puro? Alégrate con la esposa de tu juventud. Huye de la inmoralidad.
Sufrimiento	2 Co 4:17; 1 P 1:6-7; Ap 21:4	¿Por qué ocurren cosas malas? Algunos temas clave: Vivimos en un mundo caído. Dios es nuestra roca, refugio y fortaleza en tiempos de necesidad. Él es soberano y obra todas las cosas para bien. Dios hará nuevas todas las cosas.
Evangelio, Jesús	Jn 3:16; Ro 10:9	¿Quién es Jesús? ¿Qué es el Evangelio? La educación comienza con la salvación. Anime a los niños a creer en Jesús.
Trabajo, descanso, aptitudes	1 Co 10:31	¿Qué propósito tiene el trabajo? ¿Cómo debo emplear mi vida? Trabaje para la gloria de Dios. Aborde los temas de la pereza, la responsabilidad y la autodisciplina. Somos salvados de algo y para algo.
Decisiones sabias basadas en un carácter piadoso	Proverbios	¿Quién soy? De objeto de ira a nueva creación.
Identidad en Cristo	Efesios	¿Quién soy? De un objeto de ira a nueva creación.

Habilidades sociales	Col 3:12-14; 1 Co 13; Fil 2:3-4	¿Cómo amar a los demás? Enseñe a los niños la compasión, el perdón, el servicio y la humildad. El fruto del Espíritu.
Madurez espiritual, hábitos espirituales	Jos 1:8; Mt 6:9-13; 1 Ti 4:7	¿Cuál es la meta? La madurez en Cristo (Col 1:28-29). ¿Cómo la alcanzamos? (1) Hábitos espirituales: ejercítese en la piedad. Estudie la Biblia y ore. (2) Mentoría multigeneracional (Tit 2). (3) Adoración y comunión con los creyentes (Heb 10:25).
Mayordomía del tiempo, del dinero, de los talentos	Mt 6:33; Lc 16:13	Todo le pertenece a Dios. Soy un administrador, no un propietario. Visión bíblica del dinero. Vivir para la eternidad. Somos extranjeros y embajadores. ¿De qué le aprovechará al hombre ganar el mundo? (Mr 8:36).
Servicio, dones espirituales	Ro 12:6-8; 1 Co 12:8-10	¿Qué dones le ha dado Dios? Él es el Rey, nosotros somos sus siervos. Vivir es Cristo, morir es ganancia (Fil 1:21).
Hacer discípulos	Sal 127:3-5; Mt 28: 1-20	Capacíteles a hacer discípulos. El objetivo es que su hijo desarrolle una fe perdurable, de modo que su vida impacte positivamente en el mundo para la gloria de Dios. La Gran Comisión: Vayan y hagan discípulos.

Falsas enseñanzas

El segundo paso para ayudar a un joven a desarrollar una cosmovisión bíblica es ponerle delante las mejores falsas enseñanzas y desmontarlas. Muestre a los niños por qué ese punto de vista es erróneo. Muchas familias explican el evangelio, pero no impugnan los puntos de vista que se enseñan en la sociedad y en la escuela y que contradicen la Biblia.

En Colosenses 2, Pablo se centra en los peligros que afrontan los cristianos, y les advierte de las falsas enseñanzas, que pueden ser desastrosas para nuestra relación con Jesús. La vida espiritual tiene sus peligros y estos se presentan en forma de opiniones e ideas no bíblicas.

Pablo no quiere que los cristianos sean cautivados por las falsas enseñanzas (Col 2:8, NVI). La palabra «cautivado» significa «saqueado» y transmite la idea de secuestrar a alguien y llevarlo como botín. Al igual que los padres advierten a sus hijos que tengan cuidado con las personas peligrosas, Pablo advierte a los creyentes que tengan cuidado con las enseñanzas peligrosas. Estas enseñanzas pueden sonar bien en apariencia, pero están podridas en el fondo y nos alejan de Jesús. Hay que advertir a los niños que no permitan que nadie los aleje de Jesús con puntos de vista no bíblicos. Los niños deben aprender a poner a prueba todo lo que oyen comparándolo con lo que enseña la Biblia.

Pablo nos exhorta a no dejarnos convencer por filosofías humanas que suenan bien, pero son falsas. La palabra filosofía se refiere al amor o la búsqueda de la sabiduría. Pablo comienza Colosenses 2 preocupado de que las ideas humanas puedan destruir la fe de sus lectores, y dedica el resto del capítulo a las enseñanzas humanas que conducen al desastre (v. 18). Pablo no quiere que ideas no bíblicas nos engañen (vv. 4 y 8) y nos priven de nuestro premio (v. 18). Fíjese en la progresión: se comienza con una de las mentiras del mundo y se termina con el abandono de la fe.

El apóstol menciona tres filosofías de origen humano que se habían colado en la iglesia de Colosas: el legalismo, el misticismo y el ascetismo. En última instancia, todas ellas son formas de justificación por obras que se oponen al evangelio de Jesucristo. Aunque el «ismo» cambie, el resultado no lo hará. Si no guardamos nuestra mente de tales filosofías, se apoderarán de nuestro corazón y destruirán nuestra fe en Cristo.

Legalismo: Pablo advirtió a los colosenses que tuvieran cuidado con las reglas impuestas por el hombre (vv. 16-17). El legalismo es la creencia en que la forma de agradar a Dios es la obediencia a ciertas reglas. En la época de Pablo, la gente había creado por su cuenta reglas sobre la comida y las fiestas, y enseñaba que Dios no te aceptaría a menos que comieras la comida adecuada y celebraras esas fiestas religiosas. El legalismo está vivo hoy en los hogares e iglesias cristianas. Tuve un antiguo director del ministerio infantil que les decía a los alumnos que no bebieran cafeína, no jugaran a videojuegos ni escucharan música no cristiana. Este es un ejemplo de legalismo. Esta persona creó su propia lista de reglas que no existen en la Biblia, dando a entender que su cumplimiento hacía santa a una persona. El error era sutil porque solo salía a la luz en pequeñas dosis, pero daba como resultado la creación de pequeños fariseos.

Misticismo: Pablo recomendó a la iglesia de Colosas que tuviera cuidado con las experiencias «espirituales» (2:18-19). El misticismo consiste en oír o experimentar el mundo espiritual aparte de la Biblia y de Cristo. Según Pablo, una persona mística puede buscar una visión o una conversación con ángeles. El misticismo es popular en el yoga, las formas de meditación y la búsqueda de sueños y visiones. En cierta ocasión, tuvimos en nuestra iglesia a un miembro del programa infantil que animaba a los niños a buscar cruces y corazones en la naturaleza, como forma de comunicación con Dios. Invitaba a los niños a pasar al frente de la clase, a contar dónde habían visto la cruz o el corazón y compartir lo que creían que Dios intentaba comunicarles a través de esa experiencia. Se trataba de una forma de misticismo no bíblico que sustituía la autoridad de la Palabra de Dios por una experiencia mística. Pablo dice que el misticismo nos defraudará y privará de nuestro premio. Nos robará la verdad al hacernos confiar en algo que no es cierto.

Ascetismo: Pablo advierte a la iglesia de Colosas que tenga cuidado con las prácticas de abnegación con apariencia de piedad (Col 2:20-23). Hubo períodos en el cristianismo en los que los creyentes pensaban que serían más piadosos si dormían en camas duras, no hablaban durante días, se privaban de dormir o de comer, o no se casaban (1 Ti 4:3). En el ascetismo, la persona se dice a sí misma «no pruebes, no toques» y rodea su vida de reglas que buscan privarla de cualquier placer. Se trata de una forma de justificación por obras que castiga el cuerpo negándole formas de placer que Dios ha concedido como dádivas. El ascetismo enseña que para agradar a Dios es necesaria la autodisciplina. Los ascetas se castigan a sí mismos por su pecado con la esperanza de que Dios no les castigue en la eternidad. Aunque debemos ejercitar nuestro cuerpo en la piedad, debemos recordar que la disciplina carnal no añade nada a nuestra salvación.

La iglesia de Colosas cayó en el error de creer que Jesús + algo = salvación. Muchos cristianos intentan combinar el mundo con la Palabra y piensan que Jesús es solo parte de lo que necesitamos. Muchos pensamos que Jesús es parte de lo que necesitamos. Creemos que necesitamos a Jesús más la ciencia para conocer la verdad, que necesitamos a Jesús más las tradiciones para agradar al Señor o que necesitamos a Jesús más una experiencia espiritual para conocer realmente a Dios. Pero lo que quiere transmitir el libro de Colosenses es que Jesús es supremo y suficiente. Con Él basta.

Debemos preparar a los jóvenes para que puedan enfrentarse a las pretensiones de las falsas enseñanzas. Los ejemplos que he mencionado ocurrieron dentro de la iglesia, por lo que debemos estar atentos a lo que se comunica a nuestros hijos y nunca dar por sentado que recibirán lo correcto. Debemos ser diligentes en enseñarles la verdad de Dios y ayudarlos a detectar los puntos de vista falsos, a desacreditar las enseñanzas erróneas y a defenderse de las ideas no bíblicas. Estar prevenidos es estar preparados. Nancy Pearcey explica la razón por la que esto es tan importante:

> No basta con enseñar a los jóvenes creyentes a tener un tiempo quieto personal, seguir un plan de memorización de las Escrituras y contactar con grupos cristianos universitarios. También tenemos que capacitarles para responder a los retos intelectuales que se les presentarán en las aulas. Antes de abandonar el hogar, deberían estar bien informados de todos los «ismos» que les saldrán al paso, desde el marxismo y el darwinismo al posmodernismo. Es conveniente que los jóvenes creyentes oigan por primera vez estas ideas de padres, pastores y líderes juveniles de confianza que puedan facilitarles estrategias para analizar ideologías contrarias.[1]

Los jóvenes deben saber lo que enseña la Biblia y por qué es verdad. También deben saber lo que cree el mundo y por qué es falso. Demos a los niños razones para creer en el cristianismo frente a cualquier otra alternativa. La mejor manera de ahuyentar una mala cosmovisión es ofrecer una buena. Eso es lo que me gustaría enseñarle a hacer en la siguiente sección de este libro.

---

1 Nancy Pearcey, *Verdad Total*. (Tyler, Texas: Editorial JUCUM, segunda edición 2020), p.136.

Guía de estudio

¿Qué dice la Escritura?

- Colosenses 1:28-29; 2:6-8
- 1 Tesalonicenses 4:1-8

Puntos clave y preguntas para el debate

En este capítulo se presentó un cuadro con las verdades bíblicas fundamentales y merece la pena que lo utilice para formar el corazón y la mente de los niños. En nuestro grupo de estudio de hoy, solo comentaremos algunas de las doctrinas clave. Elija uno o dos de los temas que aparecen a continuación, lea los pasajes bíblicos correspondientes y comente cómo podría compartirse ese tema con niños de distintas edades.

Tema bíblico	Versículos clave	Idea central
La Biblia	2 Timoteo 3:15-16; Salmos 119:160	¿Qué significan los términos autoridad bíblica, inerrancia y suficiencia?
Comprender la humanidad	Génesis 1:26	¿Quién soy yo? ¿Qué significa estar hecho a imagen de Dios?
La masculinidad y la feminidad	Génesis 1:27	¿En qué se diferencian el hombre y la mujer? ¿Cuál es su función distintiva?
El sufrimiento	2 Corintios 4:16-18; 1 Pedro 1:6-7	¿Por qué suceden cosas malas?
Trabajo/Descanso/Habilidades para la vida	1 Corintios 10:31; Colosenses 3:23	¿Cuál es el propósito del trabajo? ¿En qué debo emplear mi vida?

Las falsas enseñanzas pueden ser desastrosas para nuestra relación con Jesús. Debemos desenmascarar, delante de los niños, los falsos argumentos difundidos hoy en día y mostrar por qué determinados puntos de vista son erróneos.

- ¿Qué advertencias hace el apóstol Pablo en los siguientes versículos? Lea 2 Timoteo 4:1-4 y Colosenses 2:8.
- Lea Colosenses 2:2-4. ¿Qué propósito positivo persigue Pablo? ¿Contra qué resultado negativo advierte?

En Colosenses, Pablo menciona tres filosofías humanas que habían logrado introducirse en esa iglesia local. En última instancia, eran formas de justicia basadas en obras que socavaban el evangelio de Jesucristo. Aunque los «ismos» puedan cambiar, el resultado no lo hará. Si no guardamos nuestra mente, capturarán nuestro corazón y destruirán nuestra fe en Cristo.

1. *El legalismo*: Aunque el legalismo ya existía en tiempos de Pablo y era combatido, todavía lo encontramos vivo y activo hoy en día. ¿Qué es el legalismo? Ofrezca ejemplos. ¿Cuáles son los resultados negativos del legalismo?
2. *El misticismo*: Pablo advirtió a la iglesia que tuviera cuidado con las experiencias «espirituales» (Col 2:18-19). ¿En qué consiste el misticismo o las experiencias «espirituales»? ¿Qué ejemplos de misticismo vemos hoy en día?
3. *El ascetismo*: Pablo advierte a la iglesia de Colosas que tenga cuidado con las prácticas de austeridad con apariencia de piedad (Col 2:20-23). Por ejemplo, los monjes hacen voto de silencio o se ciñen un

cilicio para demostrar su espiritualidad. Mencione otras costumbres propias de los monjes. El ascetismo es una forma de rectitud basada en las obras y la autodisciplina, cuyo objetivo es ganar orgullosamente cierta reputación o el favor de Dios. ¿En qué se diferencia esto de la verdadera forma bíblica de piedad expuesta en Tito 2:11-12?

✔ Conclusión

Debemos ser diligentes en enseñar a nuestros hijos las verdades de la Palabra de Dios y prepararlos para reconocer las afirmaciones falsas que, con toda seguridad, estarán al acecho. Prepararlos incluye ayudarlos a defender las Escrituras, a desacreditar las afirmaciones falsas y a discernir los «ismos» e ideologías seculares. ¡La mejor manera de ahuyentar una mala cosmovisión es ofrecer una buena!

Tercera parte

El gran relato de la Biblia

Cómo enseñar cosmovisión bíblica en cuatro palabras

Hemos analizado por qué es importante la cosmovisión bíblica, en qué consiste y cómo ayudar a un niño a desarrollarla. En esta última sección, presento cuatro bosquejos que puede utilizar para enseñar a un niño el gran relato de la Biblia por medio de cuatro palabras, de modo que el niño pueda desarrollar en su mente el marco de una cosmovisión bíblica.

El gran relato

La Biblia constituye un único relato cuyo centro es Jesús. Jesucristo es el objetivo del Antiguo Testamento y proporciona su verdadero significado. Cualquier interpretación o comentario del Antiguo Testamento que no revele este hecho será, en el mejor de los casos, incompleto y, en el peor, anticristiano. El testimonio abrumador del Nuevo Testamento es que Jesús es el cumplimiento del Antiguo Testamento, lo que equivale a decir que el Antiguo Testamento trata de Jesús. La interpretación neotestamentaria de la persona y la obra de Jesús de Nazaret no tiene sentido si no se sostiene en las afirmaciones históricas del Antiguo Testamento.

¿Es la Biblia una colección aleatoria de libros o un libro interconectado con un propósito principal? Enseñe la Biblia no como si fueran sesenta y seis libros individuales, sino como un único libro con un único argumento sobre la gloria de Dios manifestada a través de la salvación y el juicio. Si la Biblia fuera una colección aleatoria de libros con una conexión limitada entre sí, no podría haber un argumento central. La Biblia quedaría reducida a una biblioteca de documentos históricos que describen las experiencias religiosas de un pueblo antiguo y proporcionan instrucción moral a las generaciones futuras.

Dios utiliza un árbol para capturar el gran relato de la Biblia en una sola imagen. Un árbol nos recuerda la bondadosa creación de Dios, la rebelión del hombre a causa de su fruto, la muerte vicaria de Jesús en la cruz para redimirnos y el árbol de la vida en el cielo, donde todas las cosas se hacen nuevas. En cuatro secciones importantes de la Biblia aparece un árbol y este constituye una forma sencilla de enseñar a los jóvenes todo el hilo argumental de la Escritura, que se centra en Jesucristo:

- *Creación*: «Después dijo Dios: Produzca la tierra hierba verde, hierba que dé semilla; *árbol* de fruto que dé fruto [...]. Y vio Dios que era bueno [énfasis añadido]» (Gn 1:11-12).

- *Rebelión*: «Y vio la mujer que el *árbol* era bueno para comer, y que era agradable a los ojos, y árbol codiciable para alcanzar la sabiduría; y tomó de su fruto, y comió; y dio también a su marido, el cual comió así como ella. Entonces fueron abiertos los ojos de ambos, y conocieron que estaban desnudos; entonces cosieron hojas de higuera, y se hicieron delantales [énfasis añadido]» (Gn 3:6-7).
- *Salvación*: «[Jesús] llevó él mismo nuestros pecados en su cuerpo sobre el madero, para que nosotros, estando muertos a los pecados, vivamos a la justicia; y por cuya herida fuisteis sanados» (1 P 2:24).
- *Restauración*: «el árbol de la vida, que produce doce frutos, dando cada mes su fruto; y las hojas del árbol eran para la sanidad de las naciones» (Ap 22:2).

Por desgracia, en muchos hogares, iglesias y escuelas solo se enseña una cosmovisión estrecha, que se limita a la rebelión y la salvación, pero no se ocupa de una forma más amplia de la vida y el pensamiento cristianos. El discipulado se reduce a la conversión, mientras que se resta importancia a la verdad doctrinal y se ignora la aplicación de la Biblia a muchos ámbitos de la vida. Este panorama básico nos ayudará a proporcionar a los niños el argumento completo de la Biblia.

Con frecuencia, utilizo los dedos de una mano para enseñar estas verdades bíblicas a los niños. Creación (pulgar): Dios hizo el mundo bueno. Rebelión (dedo índice): El pecado hizo dañó el mundo. Salvación (dedo corazón): Jesús pagó la pena por el pecado. Restauración (dedo anular): Dios renovará el mundo. Jesús (dedo meñique): La Biblia se centra en Cristo.

Cada verdad bíblica tiene su contraparte en una filosofía falsa que presenta un gran relato y una narración global diferentes. Estas rechazan la verdad bíblica y presentan su propia versión de la historia. Si los niños abrazan o absorben un gran relato diferente, este los conducirá por un camino que acabará alejándolos de Cristo. Debemos tener la actitud expresada en Colosenses 2:6-8 y enseñar las verdades bíblicas, de modo que los niños estén firmes en la fe y puedan desenmascarar las ideas falsas que se mencionan a continuación:

Cristianismo	Filosofía falsa
Creación	Naturalismo
Rebelión	Relativismo
Salvación	Ateísmo, religiones del mundo
Restauración	Materialismo, marxismo

Cómo utilizar los bosquejos didácticos

Las cuatro verdades bíblicas de los próximos capítulos se pueden utilizar en un estudio bíblico individual con un hijo o un nieto, en el culto familiar, como parte del programa de estudios de su iglesia o escuela, o en el marco de un campamento de verano. La primera parte de cada capítulo es un comentario destinado a que comprenda el tema con mayor profundidad. El bosquejo con puntos es la sección que debe usarse con un joven. También hemos creado música de acompañamiento, *The Big Story*, para enseñar a los niños la cosmovisión bíblica de modo que el mensaje, la memorización y la música estén integrados. Está disponible, solo en inglés, en gospelsharedfamily.com.

Me imagino a padres y abuelos sentados con un niño, leyendo la Biblia y comentando juntos estas verdades. Cada tema es lo suficientemente breve como para que pueda tratarse en una escapada de fin de semana, durante una semana de devociones familiares o a lo largo de un mes. Sea cual sea el formato que utilice, mi esperanza es que repase las enseñanzas bíblicas sin apresurarse. Dedique tiempo a profundizar en la Palabra de Dios, comente el significado de cada verdad doctrinal e invite a Dios a obrar en el corazón y la mente de su hijo para que haya comprensión y transformación.

9

Creación: ¿cuál es el origen del mundo?

Dios hizo bueno el mundo

Una cosmovisión bíblica comienza con el conocimiento de Dios: «El principio de la sabiduría es el temor de Jehová» (Pr 1:7). No se puede comprender nada si no se cree en Dios, por eso existe una feroz batalla en torno a la evolución y al ateísmo.

Lo que un niño cree sobre Dios y su creación tiene una importancia vital para una cosmovisión bíblica. Si el punto de partida es incorrecto, entonces los cimientos son defectuosos y todas las creencias que vengan después se moldearán en consecuencia. La cosmovisión bíblica comienza con Dios tal como es, no como queremos que sea. Podemos saber quién es Dios porque se ha revelado de forma general en la naturaleza y de forma específica en la Biblia. Podemos saber de dónde procede el mundo porque la Biblia proporciona el verdadero relato de la historia, desde el principio de los tiempos hasta la eternidad.

Creer en la existencia de Dios es fundamental, pero no es suficiente. Los niños deben también comprender quién es Dios (Is 78:4). Todas las religiones del mundo creen en algún tipo de dios. Lo que otorga su carácter único a la cosmovisión bíblica es la naturaleza y el carácter de Dios. Dios, conforme a su obra redentora a través de Jesucristo, es el marco de referencia definitivo de todas las demás creencias.

Nuestro punto de vista sobre la creación es fundamental para una cosmovisión bíblica. Es imposible rechazar el relato bíblico de la creación, alterando el comienzo de todo, sin que ello repercuta en el resto de la historia. Si no creemos lo que dice la Biblia sobre los inicios, ¿por qué deberíamos creer lo que dice la Biblia sobre los últimos tiempos en Apocalipsis o la historia de la redención en Cristo a lo largo de toda la Biblia? La gran pregunta para todo adulto que enseña a un niño es esta: ¿Génesis 1–3 es realidad o ficción? ¿Es literal o metáfora? No son preguntas intrascendentes y tienen una importancia crucial para la fe de los niños.

Génesis 1–3 es literal

Enseñe a los niños a creer que Génesis 1–3 es literal y que debe entenderse tal cual. Nada en Génesis 1–3 sugiere que sea simbólico, mítico o fuera escrito como una metáfora espiritual. Si la creación descrita en Génesis 1 no es literal, entonces tampoco podemos creer que Adán fuera una persona literal y la explicación bíblica de que el pecado entró en el mundo a través de Adán tampoco es una realidad literal. Si no caímos por culpa de Adán, no tenemos necesidad de ser redimidos por Cristo y la enseñanza del Nuevo Testamento de que Jesús es el segundo Adán no tiene sentido, «Porque así como en Adán todos mueren, también en Cristo todos serán vivificados» (1 Co 15:22).

Si dudamos de la enseñanza bíblica de los seis días de la creación, ¿dónde pondremos los límites de nuestro escepticismo ante otras enseñanzas bíblicas? Decidamos firmemente creer en la Biblia, aceptar la palabra de Dios, asumir su significado literal y enseñar estas maravillosas verdades a nuestros hijos para que puedan crecer con una fe firmemente arraigada, que no sea destruida por el mundo.

John MacArthur señala lo siguiente:

> En un sentido importante, todo lo que dicen las Escrituras sobre nuestra salvación a través de Jesucristo depende de la verdad literal de lo que enseña Génesis 1–3 sobre la creación y la caída de Adán. No hay un pasaje más fundamental en la Escritura. Lo que los «creacionistas de la tierra antigua» [...] hacen con Génesis 1–3 es precisamente lo que han hecho los liberales religiosos con toda la Escritura: espiritualizar y reinterpretar el texto alegóricamente para que signifique lo que ellos quieren que signifique.[1]

Parte fundamental de la cosmovisión bíblica es la convicción de que Dios creó el mundo en seis días literales. Muchos cristianos creen que no tiene importancia si el mundo fue creado en millones de años o en seis días. El principal motivo por el que esto es importante es que sienta un precedente peligroso y destructivo respecto a la interpretación bíblica. Cuando empezamos a interpretar partes de la Biblia como si fueran simbólicas o metafóricas, abrimos la puerta a interpretar otras partes de la Biblia del mismo modo. ¿Fueron Adán y Eva personas reales o simbólicas? ¿El diluvio del Génesis 6 ocurrió realmente o es un recurso literario? ¿Las obras sobrenaturales de Dios en la Biblia y los milagros de Jesús sucedieron realmente o son míticos y su objetivo es expresar una verdad espiritual? Si el lenguaje directo de Génesis 1 puede explicarse como simbólico, ¿por

---

1 John MacArthur, *Think Biblically! Recovering a Christian Worldview* (Wheaton: Crossway, 2003), p.62. (*Piense conforme a la Biblia*. Michigan: Editorial Portavoz, 2005).

qué no hacer lo mismo con otras partes de la Biblia? ¿Podría explicarse la resurrección como una metáfora? ¿Dónde acaba el simbolismo?

Dentro del tema de la creación hay dos aspectos cruciales relacionados con la doctrina de la Biblia. El primero es el de la interpretación bíblica y la necesidad de comprender correctamente lo que dice la Escritura. El creacionismo de la tierra antigua constituye una mala hermenéutica. Viola reglas básicas de interpretación bíblica como la de permitir que la Biblia se interprete a sí misma.

La interpretación correcta

Un buen ejemplo de cómo nos ayudan otros pasajes de la Biblia a entender Génesis 1–2 lo vemos en los diez mandamientos. El cuarto mandamiento refuerza la idea de que Dios creó todas las cosas en seis días y no tiene sentido si los días de la creación no son literales. La aplicación del cuarto mandamiento se basa en una semana literal de siete días. En los seis días de la creación, Dios proporcionó un patrón para que los seres humanos lo siguieran. ¿Es simbólica nuestra necesidad de descansar? ¿Debemos espiritualizar el trabajo? La aplicación del cuarto mandamiento se apoya en una comprensión literal de que Dios creó todas las cosas en seis días.

Las descripciones de la creación en el Nuevo Testamento se refieren al acontecimiento como un suceso histórico y real que ocurrió exactamente como lo describe Génesis. Santiago 3:9 habla de que Adán fue creado a imagen de Dios. El apóstol Pablo creía que los relatos de Génesis 1–3 eran acontecimientos literales. Menciona que Adán fue creado primero y luego Eva, así como el encuentro con Satanás en forma de serpiente parlante (1 Ti 2:13-14). La Biblia habla de la creación como un acontecimiento completado, no como un proceso evolutivo en curso que aún tiene lugar (Mr 13:19, Jn 1:3, Hch 4:24, Heb 1:2, Ap 4:11). La Biblia deja claro que la doctrina de la creación ocupa un lugar absolutamente central en la fe cristiana: «Por la fe entendemos haber sido constituido el universo por la palabra de Dios, de modo que lo que se ve fue hecho de lo que no se veía» (Heb 11:3). La interpretación correcta de Génesis 1–3 es la que se desprende naturalmente de una lectura sencilla del texto.

La autoridad de la Escritura

La segunda área de doctrina que nos guía en la comprensión de Génesis 1–3 es la autoridad de la Escritura. Debemos preguntarnos: ¿Qué autoridad determina lo que es verdad? ¿La ciencia o la Escritura? Los que abrazan la evolución han hecho de la ciencia, y no de la Biblia, su autoridad. La evolución es una teoría científica que no tiene autoridad, pero los que creen en la evolución permiten que se convierta en la medida por la que se determina la verdad bíblica. ¿Deben nuestras creencias preconcebidas determinar cómo interpretamos la Biblia o debe la clara enseñanza de la Biblia moldear nuestras creencias? El creacionismo de la tierra antigua no se enseña en la Escritura, sino que es un sistema de creencias importado que se le impone al texto bíblico. Pablo advirtió a los corintios que no prefirieran la sabiduría del hombre a la sabiduría de la Palabra de Dios. Pues bien, he aquí un ejemplo actual de ese tipo de comportamiento y debemos protegernos de él.

La Biblia es el relato perfecto de la historia de la humanidad y nos dice claramente cómo empezó el mundo. La ciencia no puede hablar con más autoridad y no debemos permitir que la sabiduría del hombre sea nuestra guía para entender la Biblia. Los que defienden la evolución socavan la autoridad de la Biblia desde sus primeras páginas, por lo que es fundamental abordar este problema con los niños, ya que, si nada más al comenzar nuestro viaje tomamos un camino equivocado, socavando los mismísimos cimientos de la fe, no hay duda de que acabaremos en un destino que no deseábamos. Si le entregamos el trono a la evolución y hacemos de la Biblia su sierva, habremos puesto los cimientos del desastre espiritual.[2] La Biblia es la prueba definitiva de la verdad, no la ciencia. Los niños necesitan este fundamento esencial para construir una fe sólida en Cristo. Lamentablemente, un elevado número de iglesias y hogares no enseñan la Biblia con diligencia ni la defienden con firmeza.

Naturalismo y evolución

En muchos países, el naturalismo ha sustituido al cristianismo como religión mayoritaria y la evolución es su enseñanza central. El naturalismo enseña que todo lo que ocurre es natural y no sobrenatural o espiritual. El naturalismo se opone a Dios y no da cabida a la enseñanza bíblica de la creación. Por lo tanto, la creencia en la evolución es un asunto de fe, en cuyo nombre la cultura y la educación occidentales persiguen con gran celo convertir a los miembros de los hogares cristianos.

Una visión naturalista de la vida suele desembocar en depresión, falta de propósito y sensación de insignificancia. Si no existe Dios y este mundo es todo lo que hay, entonces la vida no tiene propósito, no hay esperanza de un futuro mejor y no hay más alegría que el disfrute de los placeres pasajeros. Además, no existe ninguna norma que permita reconocer la verdad o establezca la moralidad. Las sociedades naturalistas conducen al desastre moral, porque los seres humanos no tienen ningún valor y el Estado tiene el poder supremo para hacer lo que quiera.

2 John MacArthur, *Think Biblically!*, p.68. (*Pensar conforme a la Biblia*).

La evolución se enseña como una alternativa atea a la enseñanza bíblica de la creación. Los niños que aceptan la evolución han dado los primeros pasos hacia el ateísmo. La evolución se inventó como una forma de eliminar a Dios y sus mandamientos. Se trata de un ataque contra Dios, su naturaleza y su Palabra. Una vez que se ha aceptado la evolución como verdad, uno puede interpretar la Biblia como quiera y elegir la versión de Dios que desee. La Biblia afirma que el hombre fue creado a imagen de Dios. La evolución le da la vuelta a la enseñanza de la Escritura y crea un dios a imagen del hombre.

Se está librando una batalla por la fe de su hijo en torno a dos puntos de vista incompatibles: el naturalismo, que se enseña a través de la evolución, y la verdad literal de la creación, que se expone en la Biblia. El evolucionismo es contrario a Dios y pretende usurpar la autoridad de la Biblia. Los hogares y las iglesias que adoptan el punto de vista del evolucionismo tienen pocas probabilidades de seguir siendo evangélicos. No podemos tratar Génesis 1–3 como un mito o una metáfora sin implicaciones significativas para el resto de la Biblia y para nuestra fe. Como padres y abuelos, debemos creer lo que enseña la Biblia. Si el relato bíblico de la creación no es literal, entonces el resto de la Biblia no es fiable. La evolución es una idea siempre cambiante basada en la mera fantasía que no ha proporcionado ninguna razón válida para desconfiar del relato bíblico de la creación. La Biblia es clara sobre la creación del mundo y todos los acontecimientos de Génesis 1–3; es digna de confianza y es aplicable a la actualidad.

Usted debe enseñar y defender lo que la Biblia enseña sobre la naturaleza de Dios, la creación, los orígenes y la humanidad. No se deje intimidar ni se avergüence de proclamar la clara enseñanza de la Biblia. Muchos cristianos han adoptado el creacionismo de la tierra antigua en un intento de armonizar la Biblia con la evolución, y al hacerlo cometen un grave error que abre la puerta a otros errores doctrinales y al abandono de la fe en Cristo. Muchos de estos individuos no están capacitados para interpretar correctamente la Biblia y se limitan a repetir como loros las enseñanzas del mundo y trasladarlas a la Biblia siguiendo una especie de revisionismo histórico. A continuación, presentamos un bosquejo que puede utilizar para enseñar a los niños las verdades bíblicas que tienen que ver con Dios y la creación.

Cómo enseñar a los niños el relato bíblico de la creación

Antes de que nada existiera existía Dios. Él es eterno, lo que significa que siempre ha existido. Él es el principio y el fin. No es posible entender la vida ni el gran relato de la redención si no empezamos por Dios. Dios es el creador del mundo, el autor de la Biblia y el protagonista de cada una de sus páginas. Él es el protagonista del gran relato de la redención, es decir, de la historia de la humanidad. Toda la historia humana consiste en el cumplimiento del plan de salvación de Dios. Los cuatro acontecimientos históricos más importantes que han tenido lugar son la creación, la caída, la salvación y la restauración.

Génesis 1 comienza diciéndonos que todas las cosas existen porque Dios las hizo existir con su palabra. Los árboles, el agua, los animales, los planetas, la luz y los seres humanos existen porque Dios los creó a todos. Si usted o yo creáramos algo, lo haríamos por alguna razón, ¿no es cierto? Pues Dios también tenía una razón. Creó todas las cosas para su gloria.

La gran mentira del mundo:
El mundo vino a la existencia por accidente, o evolución.

La gran verdad de la Biblia:
Dios creó el mundo y este existe para su gloria.

Versículo para memorizar:
«En el principio creó Dios los cielos y la tierra» (Gn 1:1).

Lectura en voz alta de la Biblia:
Gn 1:1, Col 1:16, Is 43:7, y Heb 11:3

ENSEÑANZAS:

¿Cuál es el origen del mundo?

1. *Dios creó todas las cosas (Gn 1:1; 31).*
    - Dios creó el mundo y lo creó muy bueno. Dios dio su aprobación a toda su obra. Al principio no existía el mal.
    - La Biblia declara repetidamente que Dios «hizo los cielos y la tierra» (Sal 115:15; 121:2; 124:8; 134:3; 146:6). El mundo no comenzó por evolución.
    - Dios nos ha creado a todos nosotros. Fuimos creados a su imagen y recibimos el encargo de administrar la creación y multiplicarnos sobre la tierra. Cada ser humano es valioso y tiene una gran dignidad. El mandato de la creación asigna a los seres humanos la tarea de llenar, someter y gobernar la tierra. El ser humano ha recibido de Dios una autoridad delegada y es responsable de servirlo fielmente en el mundo como mayordomo de su creación.
    - Dios creó en seis días el mundo y todo lo que hay en él (Ex 20:11). Lean juntos Génesis 1.

2. *Las personas piadosas creen que Dios creó el mundo (Heb 11:3; 2 P 3:5).*
    - Dios quiere que usted crea que Él creó el mundo, «*Por la fe* comprendemos que el universo fue *constituido por la palabra de Dios*, de modo que lo que se ve fue hecho de lo que no se veía [énfasis añadido]» (Heb 11:3 RVA).
    - Pedro afirma que los incrédulos «por su propia voluntad pasan por alto esto» (2 P 3:5 RVA). No quieren creer en Dios, así que escogen no creer que Dios ha creado el mundo.
    - La creación proclama la existencia de Dios; por lo tanto, no tenemos excusa para no creer en Él (Ro 1:20). Salmos 19:1-2 afirma: «Los cielos cuentan la gloria de Dios, y el firmamento anuncia la obra de sus manos. Un día emite palabra a otro día, y una noche a otra noche declara sabiduría». La creación es la prueba de que existe un Creador poderoso, sabio y hermoso. La creación nos dice que Dios existe, pero no nos enseña quién es Dios. Dios nos dio la Biblia para que pudiéramos aprender quién es Él y relacionarnos con Él (Sal 119:57).

3. *Dios ha creado todas las cosas para su gloria (Col 1:16; Is 43:7).*
    - Dios creó todo con un propósito. Dios creó a los seres humanos para que lo adoraran.
    - Todo le pertenece a Dios y fue creado para Él, «todo fue creado por medio de él y para él» (Col 1:16).
    - Dios demanda que vivamos para su gloria, lo que significa que debemos vivir de modo que revelemos la bondad y la grandeza de Dios a los

demás, y demostremos que amamos y obedecemos a Dios.

¿Existen pruebas de que Dios haya creado el mundo?

1. *La creación presenta evidencias de que fue diseñada.*

- Los cielos declaran la gloria de Dios (Sal 19:1). Al observar su creación, vemos evidencias de la grandeza, la sabiduría y la belleza de Dios.
- Cada árbol, cada ave, cada montaña, cada bebé es una evidencia de que Dios creó el mundo. ¿Podría surgir una hoja sin que alguien la creara? Por supuesto que no. Ahora mire a su alrededor. ¿Podríamos existir sin padres? La creación necesita un creador. Cada hoja y cada bebé nos recuerdan que Dios es real.
- Lo que vemos en el mundo de Dios concuerda con lo que leemos en la Palabra de Dios. La ciencia y la Biblia no se contradicen. La Biblia nos ayuda a interpretar correctamente lo que observamos en la creación. Cualquier interpretación del mundo que entre en conflicto con la Biblia es una interpretación incorrecta del mundo y debe ser revisada para que concuerde con la Biblia.

2. *La creación es compleja.*

- Nadie miraría una casa o un coche y concluiría que son el resultado de una explosión en una fábrica. Nadie contemplaría las pirámides de Egipto y llegaría a la conclusión de que son el producto de miles de años de erosión.
- La creación demuestra que existe un Creador. Reconocemos cuando algo ha sido creado porque muestra evidencias de haber sido diseñado.

- Para ayudar a un niño a comprender lo absurdo de la evolución, plantéese realizar la siguiente actividad. Escriba el alfabeto en tarjetas de 3x5, una tarjeta para cada letra. Colóquelas en un sombrero o cuenco y haga que los niños seleccionen una tarjeta al azar. Pregunte a los niños si, pasado un tiempo suficiente, podríamos formar una serie de palabras que constituyeran una frase y recopilar suficiente información para una enciclopedia sacando letras al azar. La inteligencia y el orden no surgen de la nada aleatoria (incluso las letras que hemos utilizado para empezar este ejercicio han tenido que salir de algún sitio).
- ¿Qué otros ejemplos puede encontrar de la complejidad de la creación? Para empezar, considere el ojo o el cerebro humano, o la lengua de un oso hormiguero.

3. *La vida jamás procede de la materia no viva.*

- Los seres vivos solo proceden de los seres vivos. Los bebés vienen de sus padres, no de la nada. Las cuentas bancarias vacías no producen grandes sumas de dinero por sí solas.
- Si un tornado atraviesa un depósito de chatarra, ¿creará un avión que funcione perfectamente?
- La evolución está llena de problemas insuperables como: ¿De dónde procede la inteligencia? ¿Qué es lo que mantiene al universo unido? ¿Cómo pudo surgir la vida compleja y racional de la nada? ¿Cómo surgieron la energía y la materia? ¿Cuál es nuestro propósito? La evolución no tiene respuesta para estas preguntas.

4. *El universo está finamente sintonizado.*

Si el universo fuera levemente distinto, la vida habría sido imposible. He aquí dos ejemplos:

- El sol está a la distancia perfecta de la Tierra. Un poco más cerca y la Tierra se calentaría demasiado. Más lejos y la Tierra se enfriaría demasiado.
- El hielo flota en lugar de hundirse. El hielo es menos denso que el agua. Es la única sustancia que es menos densa en su forma sólida que en su forma líquida. Si el hielo fuera más denso que el agua, todos los icebergs se hundirían hasta el fondo del océano y, como el calor asciende, el agua situada inmediatamente por encima del hielo se enfriaría y se congelaría y, finalmente, todos los océanos de la Tierra se congelarían desde el fondo hacia arriba, matando a todas las criaturas marinas y lacustres.
- ¿Qué otros ejemplos puede encontrar de un universo finamente sintonizado?

5. *La Biblia no enseña la evolución.*

- La Biblia contradice la evolución. La teoría de la evolución afirma que los animales se fueron transformando en otro tipo de animales a través de un proceso gradual que duró millones de años. Si esto fuera cierto, lo lógico sería encontrar evidencias de ello en el registro fósil.
- No se ha encontrado ni un solo ejemplo concluyente de ello. Los evolucionistas han creado el término «eslabones perdidos» porque carecen de pruebas de la transición entre diferentes tipos de animales. Los evolucionistas señalan algunos ejemplos muy discutibles (por ejemplo, la

mona Lucy), que no contienen ninguna prueba objetiva.

- Dios nos explica en la Biblia cómo creó el universo. Lo llamó a la existencia mediante su palabra. Las diferencias entre la creación y la evolución son demasiado grandes para creer en ambas cosas al mismo tiempo.

COMPARE Y CONTRASTE

Diferencias clave entre creación y evolución

Creación	Evolución
Dios creó el mundo y todo lo que hay en él. *(En el principio creó Dios. Gn 1:1)*	El mundo se formó a partir de una gran explosión, el Big bang; por azar.
Dios creó el mundo en seis días. *(Y fue la tarde y fue la mañana del primer día; Gn 1:3-31 RVA)*	La evolución toma millones de años.
Los seres humanos son especiales, la corona de la creación. *(Dios creó al hombre a su imagen y semejanza; Gn 1:27)*	Los seres humanos no son especiales, solo son otro tipo de animal.
La muerte fue el resultado del pecado de Adán. *(En el mundo original no había muerte: los seres humanos y los animales eran vegetarianos; Gn 1:29-30)*	Ya había muerte antes del pecado.
Dios hizo bueno el mundo. *(...vio Dios que era bueno; Gn 1:25)*	En el mundo no hay nada intrínsecamente bueno.
El mundo fue creado en su totalidad de una sola vez. *(El universo fue creado completo; Gn. 1)*	El mundo ha llegado a ser como es con el paso del tiempo.
Su propósito: amar, obedecer y servir a Dios.	Su propósito: amarse, obedecerse y servirse a sí mismo.

Conversaciones valientes:

1. Lean juntos Génesis 1. ¿Qué enseña Génesis 1:1?
2. ¿Habla la Biblia de los días de la creación como si fueran literales o como si fueran simbólicos? ¿Cómo lo sabemos?
3. ¿Cómo describe Éxodo 20:11 los días de la creación? ¿Por qué es importante?
4. Lean juntos Hebreos 11:3 y 2 Pedro 3:5. ¿Qué enseñan estos pasajes sobre la creación?
5. ¿Cree que Dios creó el mundo? ¿Por qué sí o por qué no?
6. ¿Qué pruebas existen de que Dios haya creado el mundo?
7. Si una persona cree que la evolución es cierta, ¿qué significa esto sobre el bien y el mal, el sentido de la vida y lo que sucede después de que una persona haya muerto? ¿Por qué es esto significativo?
8. ¿Qué pruebas se le ocurren de que Dios haya creado el mundo? Para empezar, consulte Salmos 19:1.

Guía de estudio

¿Qué dice la Escritura?

- Proverbios 1:7
- Isaías 45:5-9

Puntos clave y preguntas para el debate

Lo que un niño cree sobre Dios y su creación es crítico para alcanzar una cosmovisión bíblica. Si el punto de partida es incorrecto, los cimientos serán defectuosos y el resto de sus creencias resultarán distorsionadas. La cosmovisión bíblica debe comenzar con Dios como es, no como queremos que sea. El fundamento más importante de la fe en Dios es reconocerlo como el Creador.

Comenten en grupo la definición de los siguientes términos: ateísmo, evolución y panteísmo. ¿Qué ayudó a construir, o a destruir, su fe en el relato bíblico de la creación?

¿Cómo ha enseñado a sus hijos la verdad de la creación y el error de la evolución?

La gran pregunta para todo adulto que enseña a un niño es esta: ¿Es Génesis 1–3 realidad o ficción? ¿Es un relato literal o metafórico? Nada en Génesis 1–3 sugiere que se trate de un símbolo, un mito o que esté escrito como una metáfora espiritual.

1. *Génesis 1–3 cuenta una historia real.* No creer en el relato literal de la creación conduce a la confusión, la incongruencia y la imposibilidad de creer en otras verdades de la Biblia.

- Si la creación relatada en dicho pasaje no es literal, ¿fueron Adán y Eva personas reales? Lea 1 Corintios 15:45 y reflexione sobre la conexión entre el primer y el segundo Adán.
- Si la historia que cuenta Génesis 1–3 no es literal, ¿qué impacto tiene esto en la entrada del pecado en el mundo?
- Si dudamos de la enseñanza bíblica sobre los seis días de la creación, ¿qué otras dudas se derivarán de ello?
- ¿Qué revela Hebreos 11:3 no solo sobre la creación, sino sobre el propio Dios?

2. *La interpretación correcta.* La principal razón por la que es peligroso y destructivo ignorar una visión literal de la creación es que socava la interpretación correcta de otras partes de la Biblia (por ejemplo, la obediencia al cuarto mandamiento se basa en una interpretación literal de la creación).

   - ¿Cree usted que el diluvio descrito en Génesis 6 ocurrió realmente? ¿Existe alguna prueba geológica de ello?
   - ¿Cómo se interpretan desde el punto de vista secular las pruebas geológicas del diluvio?

3. *La autoridad de la Escritura.* ¿Quién determina lo que es verdad? ¿La ciencia o la Escritura inspirada por Dios? No debemos permitir que nuestras creencias preconcebidas determinen nuestra interpretación de la Biblia. Por el contrario, son las enseñanzas de la Biblia las que deben moldear nuestras creencias.

   - ¿Conoce a alguien cuyas falsas creencias hayan sido cambiadas por el estudio de la Palabra de Dios? Ofrezca ejemplos.

- Pablo advirtió a los corintios que no siguieran la sabiduría humana (1 Co 2:13), sino la sabiduría de Dios mediante el poder del Espíritu Santo. Además de la ciencia, ¿qué otras áreas de la «sabiduría humana» debemos distinguir de la sabiduría bíblica?

4. *El naturalismo y la evolución*. En los Estados Unidos, el naturalismo ha sustituido al cristianismo como religión principal, y la evolución es su enseñanza central.
    - Lamentablemente, una visión naturalista de la vida a menudo resulta en depresión, falta de propósito e intranscendencia. Comente algunos casos de estos fenómenos que haya observado en quienes nos rodean.
    - Lea Salmos 107:10-16. Describa las dolencias mencionadas en estos versículos y explique la solución prescrita.

Conclusión

La visión naturalista de la vida no tiene ningún estándar de verdad y, por lo tanto, provoca un desastre moral. En las sociedades naturalistas, al despojar al ser humano de cualquier fundamento de valor y propósito, es el individuo, y a la larga el Estado, quien adquiere el poder supremo de hacer cuanto desee. La Palabra de Dios no solo se desprecia, sino que se desafía, y la verdad se redefine. La evolución no solo es un ataque a Dios como Creador y autor de todas las cosas, sino que también implica la negación de su carácter y de la verdad de su Palabra. Debemos enseñar y defender lo que la Biblia enseña sobre la naturaleza de Dios, la creación, los orígenes y la humanidad. No debemos sentirnos intimidados ni avergonzados por afirmar la clara enseñanza de la Biblia. Muchos cristianos han abrazado el creacionismo de la tierra antigua, a fin de armonizar la Biblia con la evolución, y al hacerlo cometen un grave desatino que abre la puerta al error doctrinal por otras vías y, en última instancia, al abandono de la fe en Jesucristo. ¡No cometamos el mismo error!

10

Rebelión: ¿qué le pasa al mundo?

El pecado hace gemir al mundo

El siguiente elemento importante en el desarrollo de una cosmovisión bíblica consiste en ser consciente del estado de la humanidad y tener una explicación de los problemas del mundo. La evolución no ofrece ninguna explicación para los problemas del mundo y acaba negando la existencia del mal.

La existencia del mal

Jay y Lauren, una joven pareja, creían que el mal era un concepto inventado por los seres humanos. Dedicaron un año de sus vidas a recorrer el mundo en bicicleta y, cuando estaban en Marruecos, Jay Austin escribió lo siguiente en su blog de viaje:

> Uno ve las noticias y lee los periódicos y estos le hacen creer que el mundo es un lugar grande y aterrador. La gente, según se nos dice, no es de fiar. La gente es mala. La gente es malvada. La gente son asesinos con hachas, monstruos y cosas peores. Yo no me lo creo. La maldad es un concepto imaginario que hemos inventado para hacer frente a la complejidad de los seres humanos que tienen valores, creencias y perspectivas diferentes a las nuestras: es más fácil descartar una opinión por aborrecible

> que esforzarse por comprenderla. La maldad existe, claro, pero incluso eso es bastante raro. En general, los seres humanos son amables. Unas veces egoístas otras miopes, pero amables. Generosos, maravillosos y bondadosos. Esta ha sido la mayor revelación de nuestro viaje.[1]

Por desgracia, Jay y Lauren, su compañera de viaje, aprendieron que el mal existe y no es un concepto inventado. Como creían que el mal era un concepto inventado, atravesaron en bicicleta una parte de Tayikistán controlada por terroristas y cinco hombres relacionados con el ISIS los apuñalaron hasta la muerte.

La humanidad es mala por naturaleza porque el pecado entró en el mundo a través de Adán y Eva, y se ha transmitido a todas las personas que han vivido, excepto Jesús. El bien y el mal no son conceptos inventados y no los determinan las preferencias individuales, sino el propio Dios. Si no fuera cierto que el pecado de Adán se transmitió a toda la humanidad, ¿por qué la consecuencia de su pecado recae sobre todos los seres humanos? La muerte, la pena por el pecado, nos afecta a todos nosotros y prueba que todos somos culpables.

Negar el mal es ignorar las pruebas que nos rodean. Basta con poner las noticias o navegar por Internet. La doctrina del pecado original, la enseñanza bíblica de que todos los seres humanos han heredado de Adán un estado pecaminoso de esclavitud al mal, es una de las verdades bíblicas más fáciles de demostrar. Cualquier padre con un hijo pequeño sabe que este no necesitó que le enseñaran a ser egoísta, a mentir, a robar o a rebelarse. Los niños nacen con una tendencia innata al pecado.

---

1 Hank Berrien, "American Couple Believing Evil is a Make-Believe Concept Bike Through Territory Near Afghan Border. ISIS Stabs Them to Death", visitado el 16 de agosto del 2018, https://www.dailywire.com/news/34581/american-couple-believing-evil-make-believe-hank-berrien.

La caída del hombre

Nuestro mundo está lleno de maldad, y Génesis 3 nos cuenta con claridad cómo ocurrió. Adán y Eva eligieron rebelarse contra Dios, y su pecado afectó a toda la creación y ha sumido a todos los seres humanos en un estado pecaminoso. Cuando Adán pecó el resultado fue la muerte y el juicio para todos los seres humanos (Ro 5:12 y 1 Co 15:22). La única solución es la obra redentora de Cristo (2 Co 5:17). Es necesario enseñar a los niños las verdades bíblicas sobre el pecado, Satanás y la ley de Dios.

¿Qué es el pecado?

La Biblia enseña que todos los seres humanos son pecadores. Romanos 3:23a afirma: «por cuanto todos [incluidos los niños] pecaron». El pecado es rebelión (Is 1:2), desobediencia (Ro 5:19) e injusticia (1 Jn 5:17). Pecamos cuando actuamos como soberanos de nuestra vida y vivimos al margen del gobierno de Dios. Todos los que pecan son culpables ante Dios, están muertos en sus pecados y les aguarda la ira de Dios (Ef 2:1-3). El castigo por el pecado es el infierno. Dios es un Dios de amor, pero también es un Dios justo que no ignora ni disculpa el pecado.

La Biblia enseña que, debido al pecado, toda la creación gime y está bajo la maldición del pecado. Romanos 8:20-22 afirma: «Porque la creación fue sujetada a vanidad, no por su propia voluntad, sino por causa del que la sujetó en esperanza; porque también la creación misma será libertada de la esclavitud de corrupción, a la libertad gloriosa de los hijos de Dios. Porque sabemos que toda la creación gime a una, y a una está con dolores de parto hasta ahora». Toda la creación se ha visto afectada por el pecado. La creación es vanidad, lo que significa que no puede cumplir el propósito para el que fue diseñada por Dios.

El pecado ha echado a perder la creación y los seres humanos son esclavos del pecado. El pecado de desobediencia de Adán trajo como consecuencia la muerte, la decadencia y la destrucción. Génesis 4–6 describe la decadencia moral de la creación al registrar el primer asesinato (Gn 4:8) y la poligamia (Gn 4:19), y culmina en Génesis 6:5 con la siguiente declaración de Dios: «Y vio Jehová que la maldad de los hombres era mucha en la tierra, y que todo designio de los pensamientos del corazón de ellos era de continuo solamente el mal».

El mundo no solo rechaza que el hombre sea pecador, sino que lo considera intrínsecamente bueno. El mundo cree que las malas acciones son el resultado de las malas influencias y que la respuesta al mal es la modificación de la conducta. Según la Biblia, necesitamos un corazón nuevo. El problema es que nuestro corazón es una fuente de maldad. Todo pecado fluye del primer pecado de Adán (Ro 5:19) y ningún tipo de educación, terapias o programas gubernamentales puede proporcionar la solución. Lo que dice la Escritura es que el pecado es un asunto muy serio, con graves consecuencias. La pena por el pecado es la muerte física y espiritual. Toda persona morirá físicamente y bajo el pecado está muerta ya espiritualmente, motivo por el cual necesitamos un Salvador.

Enseñe a los niños que el pecado de Adán y Eva y el relato bíblico de la serpiente que habló con ellos fue un hecho histórico, no es ficción. La Biblia trata este acontecimiento como algo literal (Ro 5:12-19). Jesús habló acerca de lo ocurrido como un suceso real e histórico (Jn 8:44).

¿Quién es Satanás?

La Biblia nos dice que Satanás es real, es el adversario de Dios, nuestro enemigo y la fuente del mal. Dios creó buenas todas las cosas, incluido a Satanás. Dios no hizo malo a Satanás. Los detalles de la rebelión de Satanás aparecen en Ezequiel 28:11-19. El versículo 13 identifica este pasaje como referido a Satanás: «En Edén, en el huerto de Dios estuviste». Dios creó a Satanás como un ángel protector perfecto (v. 12-15). La Biblia no nos dice cómo surgió el pecado en Satanás, pero sí nos dice dónde surgió, «se halló en ti maldad» (v. 15). El pecado surgió del interior de Satanás, fue su elección.

Isaías 14:12-15 explica la caída de Satanás. Pecó cuando quiso exaltarse a sí mismo y ser «semejante al Altísimo» (v. 14b). Su pecado fue la soberbia, y Dios lo arrojó del cielo (Lc 10:18). Satanás se llevó consigo a un tercio de los ángeles, que se convirtieron en sus siervos (Ap 12:4; 2 Co 11:14-15). La rebelión de Satanás no sorprendió a Dios, pues la había previsto desde el principio (Ap 13:8; Ef 1:4; Tit 1:1-2).

A Satanás se le describe en la Biblia como un león rugiente que busca a quien devorar (1 P 5:8) y un mentiroso que desea engañar (Jn 8:44). Se disfraza de verdad (2 Co 11:14), pero no hay verdad en él. La táctica de Satanás es crear dudas y causar confusión. Lo hizo cuando preguntó a Eva: «¿Conque Dios os ha dicho...?». En el corazón de la tentación está el propósito de sembrar dudas sobre la Palabra de Dios. Satanás hace esto tergiversándola, retratando a Dios como un aguafiestas, con sus reglas que privan a los seres humanos de la libertad y la felicidad. Satanás atacó las palabras de Dios y el carácter de Dios. Dios es bueno y quería cosas buenas para Adán y Eva, pero Satanás tergiversó sus palabras para hacerles creer que Dios no los amaba.

Satanás mintió a Eva diciéndole que no moriría y dio a entender que Dios era un mentiroso por afirmar lo contrario. Satanás mintió a Eva al afirmar que Dios la engañaba, limitaba su placer y le quitaba su libertad.

Satanás utiliza la misma táctica hoy en día, intenta engañar a los niños con las mismas mentiras, para convencerlos de que la felicidad se encuentra en la autorrealización, y que no habrá consecuencias. Dichas mentiras han recibido muchos nombres diferentes, pero hoy en día su versión más común se llama relativismo.

Relativismo

El relativismo es la doctrina del mundo que afirma que el bien y el mal vienen determinados por el consenso de la comunidad o la experiencia individual. Las personas con una cosmovisión secular creen que la verdad se crea o se construye, que la moralidad no se basa en un conjunto determinado de leyes que son independientes del individuo, sino que es el individuo quien en última instancia determina la moralidad. Cuando se rechazan las normas de moralidad de Dios, una nueva autoridad debe determinar lo que es ético. El relativismo coloca al individuo en el trono para que determine la verdad. Es otra versión de la promesa de Satanás a Eva de que «seréis como Dios». Esta falsa promesa es la semilla de todas las falsas religiones.

El código moral de los jóvenes es esencialmente una moral de autorrealización, y viene determinada por lo que los hace felices. La autonegación se ha convertido en la nueva inmoralidad. La autorrealización es el nuevo evangelio. El autodescubrimiento es el nuevo método. Se fomenta la exploración y la experimentación, y cualquier limitación o restricción impuesta a un niño equivale a un abuso, ya que no permite que el joven llegue a ser él mismo.

La teología se convierte en terapia. El pecado es un trastorno. Lo que un niño necesita no es disciplina, sino afirmación y afecto. No se les llama al arrepentimiento, sino que se les reorienta. La respuesta del mundo es el cuidado del alma y la salud mental. El interés bíblico por la virtud se sustituye por la búsqueda de la felicidad, la santidad por la búsqueda de la plenitud y la moralidad por la búsqueda de sentirse bien con uno mismo. Sin saberlo, los cristianos han adoptado los mismos valores de la sociedad, hasta el punto de que la fe cristiana se ha convertido en una herramienta de autodescubrimiento y el evangelio en un billete hacia la autorrealización.

La ley de Dios

Hay que enseñar a los niños que es Dios quien decide lo que está bien y lo que está mal, y que deben vivir bajo su autoridad. G. K. Chesterton dijo una vez, en su libro Ortodoxia, que Dios nos dio reglas para que las cosas buenas pudieran campar a sus anchas. Las leyes de Dios son buenas. El salmista dice que son deliciosas, deseables y dulces como la miel (Sal 119:14; 97; 103). Debemos amar y apreciar la ley de Dios.

Moisés ordenó a padres y abuelos que enseñaran la ley de Dios a la generación venidera (Dt 4:9). En Salmos 78:7, se nos ordena enseñar a las futuras generaciones a obedecer la ley de Dios, para que pongan su esperanza en Dios (salvación) y no olviden sus obras, sino que guarden sus mandamientos (santificación). A los niños de todas las edades se les deben enseñar los diez mandamientos, resumidos por Jesús como el amor a Dios y el amor al prójimo (también conocido como el gran mandamiento). Dios ha determinado el bien y el mal. Él es el legislador. A los niños se les debe enseñar a amar lo que es bueno y a odiar lo que es malo (Ro 12:9).

Las tácticas de Satanás no han cambiado desde Génesis 3. Satanás sigue tergiversando la Palabra de Dios, arrojando dudas sobre el carácter de Dios y presentando los mandamientos de Dios como restrictivos. La cultura contemporánea ha hecho suya la mentira de Satanás y cree que no hay mandamientos de Dios que deban ser obedecidos. En última instancia, cada niño debe responder a las siguientes preguntas: *¿Quién determina lo que está bien y lo que está mal? Y, ¿Dice Dios la verdad cuando afirma que la libertad viene de la sumisión y la alegría de la obediencia?* Trabaje con diligencia para convencer a su hijo de que debe creer en los mandatos de Dios y obedecer la autoridad divina.

Es importante señalar que, tras la caída del hombre, Dios no entregó el mundo al pecado ni a Satanás. El mundo sigue perteneciendo a Dios. Satanás no es el dueño del mundo y no tiene dominio sobre la creación. Solo puede robar, matar y destruir. Salmos 24:1 declara: «De Jehová es la tierra y su plenitud; el mundo, y los que en él habitan». Dios tiene el control soberano del mundo y ha provisto providencialmente un Salvador para restaurar todas las cosas al estado anterior a la caída. Pasemos ahora a examinar un bosquejo que puede utilizar para enseñar a los niños el tema del pecado.

Cómo enseñar a los niños el relato bíblico del pecado

Si Dios creó un mundo bueno, ¿por qué suceden cosas malas? ¿Por qué hay dolor y maldad en el mundo? Génesis 3 nos dice que algo salió mal en el mundo y se llama pecado. Cuando el pecado entró en el mundo tuvo un efecto devastador sobre todas las cosas, incluidos usted y yo. Toda la creación gime al unísono a causa del pecado y está a la espera de su liberación. Génesis 3 nos presenta las malas noticias del pecado y nos señala hacia las buenas noticias de Jesús.

La historia bíblica afirma que Adán y Eva vivían en un estado de perfección en el huerto del Edén, donde disfrutaban de una comunión perfecta con Dios. Se nos dice que caminaban con Él y hablaban con Él. Pero Dios les dio una orden: No debían comer del árbol del conocimiento del bien y del mal, porque si lo hacían morirían. En lugar de hacer caso a Dios, Adán y Eva escucharon a la serpiente y se rebelaron contra su Creador. Debido a ello, toda la creación gime bajo la maldición del pecado, y cada ser humano nace con una naturaleza pecaminosa.

La gran mentira del mundo:
La gente es buena por naturaleza y puede ir al cielo si hace suficientes cosas buenas.

La gran verdad de la Biblia:
Todas las personas pecan; esto sucede cada vez que piensan, dicen o hacen cosas que quebrantan la ley de Dios.

Versículo para memorizar:
«Por cuanto todos pecaron, y están destituidos de la gloria de Dios» (Ro 3:23).

Lectura en voz alta de la Biblia:
Gn 3:4-7, Ro 3:23, 1 Jn 1:8-9

ENSEÑANZAS:

¿Cómo entró el pecado en el mundo? (Gn 3:4-7)

- Dios creó buenos a Adán y Eva. En el huerto, les dio libertad para comer de todos los árboles menos de uno. Dios les dijo: «mas del árbol de la ciencia del bien y del mal no comerás; porque el día que de él comieres, ciertamente morirás» (Gn 2:17).
- Una criatura llamada «la serpiente» entró en el jardín y convenció a Adán y Eva para que desobedecieran a Dios. La serpiente le dijo a la mujer:

«No moriréis; sino que [...] seréis como Dios, sabiendo el bien y el mal» (Gn 3:4-5).
- Adán y Eva se rebelaron contra Dios, desobedecieron su mandamiento y comieron del fruto (Leer Gn 3:6-7). Pecaron contra Dios.

¿Qué es el pecado? (Ro. 3:23)

- El pecado es desobedecer la ley de Dios (Ro 5:19), rebelarse (Is 1:2) y obrar injustamente (1 Jn 5:17). Dios determina lo que está bien y lo que está mal.
- El pecado es hacer lo que uno quiere en lugar de lo que Dios le dice que haga.
- Son pecado las cosas que pensamos, decimos y hacemos que desagradan a Dios.
- Romanos 3:23 dice: «por cuanto todos [incluidos los niños] pecaron».

¿Qué ocurrió a causa del pecado? (1 Jn. 1:8-9)

- El pecado nos afecta a todos. Nos separa de Dios (Gn 3:24) y nos hace culpables ante Él (Is 59:2).
- La pena por el pecado es la muerte y el infierno (Gn 2:16-17). Dios es un Dios de amor, pero también es un Dios perfecto que no ignora ni disculpa el pecado, sino que debe ocuparse de él.
- Nadie puede ir al cielo en su estado pecaminoso. No podemos salvarnos viviendo una buena vida o haciendo buenas obras (Ef 2:1-3).
- «Si decimos que no tenemos pecado, nos engañamos a nosotros mismos, y la verdad no está en nosotros. Si confesamos nuestros pecados, él es fiel y justo para perdonar nuestros pecados, y limpiarnos de toda maldad» (1 Jn 1:8-9).

Introducción al relativismo:

- El relativismo cree que lo correcto y lo incorrecto vienen determinados por el consenso de la comunidad o por la experiencia individual.
- El relativismo afirma que es usted, y no Dios, quien determina lo que es verdad.
- Es otra versión de la promesa de Satanás a Eva: «Seréis como Dios». Dios determina lo que es verdadero y correcto. Él es el legislador, y un ejemplo de ello son los diez mandamientos.

Conversaciones valientes:

1. Lean juntos Génesis 2:17. ¿Qué ordenó Dios a Adán y Eva? ¿Qué pasaría si se rebelaban contra Dios?
2. Lea Génesis 3:4-7. Explique con sus propias palabras lo que ocurrió.
3. ¿Qué les ocurrió a Adán y Eva cuando pecaron?
4. Lea Romanos 5:19, Isaías 1:2 y 1 Juan 5:17. Según la Biblia, ¿qué es el pecado?
5. Lea Génesis 2:17 y 3:24. ¿Qué merece todo pecado?
6. Lea 1 Juan 1:8-9. ¿Cuál es la única respuesta para el pecado?

Guía de estudio

¿Qué dice la Escritura?

- Romanos 5:12-17
- Romanos 3:9-18

Puntos clave y preguntas para el debate

Cualquier padre con un hijo pequeño sabe que no es necesario enseñarle a ser egoísta, a mentir, a robar o a rebelarse. Nuestros preciosos niños nacen cargados de pecado. Nuestro mundo está lleno de maldad, y Génesis 3 nos cuenta con claridad cómo llegó a estar así. Allí se nos habla de la caída del hombre, del significado del pecado y de Satanás, el padre del pecado.

1. *La caída del hombre*. Lea Génesis 3:1-7. Señale todas las formas en que Satanás tergiversó o negó las palabras de Dios. ¿De qué manera podemos ser engañados, tal y como lo fue Eva (2 Co 11:3-4)?

2. *¿Qué es el pecado?* ¿Qué definición se da del pecado en los siguientes versículos?

    - Isaías 1:2
    - Romanos 5:19
    - 1 Juan 5:17

3. *¿Cuál es la consecuencia del pecado*, según los siguientes versículos?

    - Efesios 2:1-3
    - Romanos 6:23
    - Juan 3:36

4. *La respuesta de la Biblia al pecado es que necesitamos un nuevo corazón*. Lea los siguientes pasajes bíblicos sobre la necesidad de nacer de nuevo. ¿Cómo se nos libera de la pena del pecado?

    - Juan 3:3-6
    - Juan 5:24
    - 1 Pedro 1:3-4

5. *¿Quién es Satanás?* La Biblia nos dice que Satanás es real, el adversario de Dios, nuestro enemigo y la fuente del mal. Ezequiel 28:11-19 menciona al «rey de Tiro», pero se trata de una descripción de Satanás.

    - Según Ezequiel 28:12, ¿cómo era originalmente Satanás?
    - Según Ezequiel 28:15-17, ¿cuál fue la causa y el resultado de que Satanás se apartara de Dios?
    - Isaías 14:12-15 explica la caída de Lucifer. ¿Qué tipo de declaración jactanciosa de Satanás se cita en los versículos 13-14? ¿De qué maneras se observa en la humanidad esa característica satánica?
    - ¿Cómo se describe al diablo en 1 Pedro 5:6-9?
    - ¿Qué defensa debemos utilizar contra él?

6. *El relativismo*: Las mentiras y filosofías de Satanás han recibido muchos nombres diferentes, pero la versión más común hoy en día se llama relativismo moral. El relativismo es la doctrina mundana que afirma que lo que determina el bien y el mal es el consenso de la comunidad o la experiencia individual. Las personas que tienen una cosmovisión secular creen que la verdad se crea o se construye, que la moral es fluida y que no debe basarse en un

conjunto determinado de leyes fijas. ¿Qué ejemplos de relativismo tenemos hoy en nuestra sociedad? ¿Cómo pueden los cristianos protegerse de la influencia del relativismo moral?

7. *La ley de Dios*: Hay que enseñar a los niños que la Palabra de Dios es verdad y que Dios es quien determina lo que está bien y lo que está mal. Debemos vivir bajo la autoridad de Dios. ¿Cómo enseña a sus hijos lo que es correcto y lo que es incorrecto? ¿Qué éxitos ha logrado y a qué desafíos ha tenido que enfrentarse?

✔ Conclusión

Cuando el pecado entró en el mundo tuvo un efecto devastador en todo, incluidos usted y yo. Toda la creación gime debido al pecado. Sin embargo, esperamos ansiosamente la esperanza de gloria, que es el cumplimiento de la promesa de Dios de que restaurará tanto a los seres humanos como al resto de la creación.

11

Salvación: ¿cuál es la respuesta al pecado?

Jesús pagó el castigo por el pecado

La cosmovisión bíblica se basa en la fe en el evangelio como instrumento capaz de cambiar la vida de las personas. La vida, la muerte y la resurrección de Jesús constituyen el fundamento de dicha cosmovisión y nos proporcionan una perspectiva adecuada para toda nuestra existencia. Un niño sin una comprensión correcta del evangelio no tiene una cosmovisión cristiana.

Jesús, «en quien están escondidos todos los tesoros de la sabiduría y del conocimiento» (Col 2:3), se encuentra en el centro de toda cosmovisión bíblica. Él es lo más importante: «Porque primeramente os he enseñado lo que asimismo recibí: Que Cristo murió por nuestros pecados, conforme a las Escrituras; y que fue sepultado, y que resucitó al tercer día, conforme a las Escrituras» (1 Co 15:3-4).

Segunda de Corintios 5:18-21 lo explica a la perfección:

> Y todo esto proviene de Dios, quien nos reconcilió consigo mismo por Cristo, y nos dio el ministerio de la reconciliación; que Dios estaba en Cristo reconciliando consigo al mundo, no tomándoles en cuenta

> a los hombres sus pecados, y nos encargó a nosotros la palabra de la reconciliación. Así que, somos embajadores en nombre de Cristo, como si Dios rogase por medio de nosotros; os rogamos en nombre de Cristo: Reconciliaos con Dios. Al que no conoció pecado, por nosotros lo hizo pecado, para que nosotros fuésemos hechos justicia de Dios en él.

De este pasaje se pueden extraer tres conclusiones:

- Jesús vino a la tierra para reconciliar con Dios a los seres humanos pecadores. Ser cristiano es tener una relación correcta con Dios en la que, mediante la muerte de Cristo, Él cambia nuestro pecado por su justicia. Hay que hacer frente al pecado. No puede ignorarse ni excusarse.
- Hay que animar encarecidamente a los niños a que se reconcilien con Cristo. El lenguaje específico de Pablo es: «Os rogamos [...]: Reconciliaos con Dios». Su primera preocupación es la salvación de sus lectores.
- Dios llama a todos los creyentes a ser embajadores que lleven el mensaje de reconciliación al mundo. Una vez que los niños depositan su fe en Jesús, se los debe preparar para el ministerio de la reconciliación.

Los buenos embajadores no se inventan su propio mensaje ni alteran el mensaje para adaptarlo a sus preferencias. Los cristianos han recibido el mandato de proclamar el mensaje de salvación de Dios y de enseñar la verdad de Dios tal y como aparece en la Biblia. Los embajadores son personas que viven en un país extranjero, sirven a un rey diferente y hablan un idioma distinto. Los cristianos son extranjeros en este mundo, al servicio del Rey Jesús. Como embajadores de Dios, recibimos la autoridad del Rey y deseamos que se instaure el reino de Dios. Nuestra misión es llevar el mensaje de Dios al mundo: Arrepiéntete del pecado y reconcíliate con Dios. Nuestro ministerio consiste en instruir a las personas para que sigan a Jesús en obediencia y crezcan hasta alcanzar la madurez de Cristo. Estas tareas son nuestro deber central y deben moldear nuestra perspectiva del mundo.

Hablar del evangelio

Debemos hablar de las buenas noticias del evangelio con los niños. La Biblia llama a los niños a arrepentirse y creer: «Cree en el Señor Jesucristo, y serás salvo» (Hch. 16:31). La Biblia enseña que los que rechazan el evangelio tienen la culpa de su incredulidad (Jn 16:8-9). La salvación no es por obras para que nadie pueda vanagloriarse; es un don de Dios (Ef 2:8-9). Debemos animar a nuestros hijos a creer en la persona de Jesús y a confiar en que la Biblia es verdad. Crecer en un hogar cristiano, ir a la iglesia con regularidad y recibir la influencia del cristianismo no es suficiente. Todos los niños necesitan depositar su fe en Jesús.

Quiero que lea lo que le sucedió a una familia para que evite su error. Criaron a su hija en las enseñanzas del Señor, pero se equivocaron al suponer que la niña se había convertido. La desconsolada madre recuerda lo que salió mal:

> Memorizaba versículos de la Escritura en el club AWANA y se aprendía de memoria los libros de la Biblia, los días de la creación y los diez mandamientos. Fueron días hermosos que se convirtieron en años de satisfacción; y nos gozábamos juntas en la alegría de aprender sobre nuestro Creador y su creación. [...]
>
> Avanzaré rápido hasta el primer año de mi hija en la universidad. Un día llegó a casa y me dijo que

> había visto una película en clase de biología en la que aparecía una ballena con patas. Me reí. Ella no lo hizo. En su lugar, dijo estas palabras imposibles: «Mamá, ya no creo que la Biblia sea verdad. No soy cristiana». [...]
> No era una joven que careciera de conocimientos bíblicos o de formación apologética. [...] Mi hija nunca había nacido de nuevo. Había puesto mi confianza en el lugar equivocado. [...] En mi interior sabía que todos tenemos que arrepentirnos, creer y poner personalmente nuestra confianza en Cristo para ser salvos. [...] No hay clases de latín, canciones para memorizar la Biblia o buena literatura que puedan hacer la obra de la salvación.[1]

«Puse mi confianza en el lugar equivocado». Se trata de una poderosa afirmación que todos los padres y abuelos deberían tomarse en serio. Nuestra esperanza no está en hacer las cosas bien, sino en el evangelio de Jesucristo. No minimicemos la importancia de la instrucción doctrinal, la formación apologética o la educación cristiana. Sin embargo, estas cosas no pueden sustituir la obra de Dios dirigida a transformar el corazón.

Debemos anunciar el evangelio a nuestras familias. Su hijo necesita oír el evangelio proclamado una y otra vez. Nunca podremos proclamar demasiado el evangelio. Comprometámonos a proclamarlo y a orar para que Dios abra los ojos de nuestros hijos a Cristo, como objeto de su fe.

La exclusividad de Cristo

Cada uno de los pilares de la cosmovisión bíblica tiene una alternativa en el mundo capaz de destruir la fe. El mundo rechaza la salvación mediante la fe en Cristo

---

1 Scarlett Clay, "Homeschool Will Not Save Them", Desiring God, 7 de marzo del 2018, https://www.desiringgod.org/articles/homeschool-will-not-save-them.

porque no quiere vivir conforme a los mandamientos de Dios. El mundo sabe que hay un problema, pero no lo reconoce como pecado. El mundo presenta métodos de salvación falsos, y debemos explicar a los niños por qué son insuficientes.

El cristianismo no es como las religiones del mundo. Todas ellas ofrecen un medio de salvación y siempre es un sustituto del evangelio basado en la justificación por obras. La mayoría de las religiones mundiales anuncian a un dios distante, enfadado o desinteresado por la humanidad. El objetivo de las religiones es apaciguar a Dios mediante buenas obras o alguna forma de sacrificio. Cada religión tiene una lista diferente de requisitos, pero para lograr la salvación, sus miembros deben seguir ciertas reglas, realizar rituales y/o cumplir determinados requisitos que complazcan a su dios y les hagan ganar su favor.

El cristianismo es diferente porque, a través de Cristo, Dios nos proveyó lo necesario para aplacar su ira. No se nos deja a merced de nuestras buenas obras para tratar de obtener su favor. Nunca podremos obtener así nuestra justificación. Cualquiera que intente conseguir la salvación mediante sus propios esfuerzos fracasará y se enfrentará a la ira de Dios eternamente en el infierno.

La buena noticia del evangelio es que Jesús se ofrece para sustituir nuestro pecado por su justicia. La justicia de Dios está a disposición de los que creen (Ro 3:22). La fe en Cristo es la clave de la salvación e implica el reconocimiento de que somos malvados y de que no tenemos esperanza de salvación aparte del arrepentimiento y la fe en Cristo. Algunas personas creen que considerar a Jesús como el único camino a la salvación es ser demasiado restrictivo; consideran que todos los caminos conducen finalmente a Dios. Este punto de vista no es bíblico. Agradezcamos que Dios haya provisto un camino en

Jesucristo. Proclamemos las buenas nuevas del evangelio de Jesucristo a nuestros hijos y nietos.

Cómo enseñar a los niños la solución para el pecado

En Génesis 3 aprendimos que Adán y Eva se rebelaron contra Dios al comer del fruto del árbol del conocimiento del bien y del mal. Su desobediencia hizo añicos su relación perfecta con Dios, lo que resultó en su separación de Él y el sometimiento de toda la creación a la maldición del pecado. Dios anunció su plan de volver a hacer nuevas las cosas aplastando la cabeza de la serpiente y enviando al Salvador a través de la semilla de la mujer (Gn 3:15).

El plan de redención de Dios comienza a desplegarse en el Antiguo Testamento a través de Noé, Abraham, José, Moisés y David, que nos señalan al Cristo venidero. El diluvio, el éxodo, la ley y el sistema de sacrificios nos recuerdan que el verdadero Salvador aún está por llegar. Los evangelios comienzan con la proclamación de que el Mesías ha llegado y de que en Jesús se cumplen toda la ley y los profetas.

Una vez más, nos encontramos al pie de un árbol, pero esta vez se trata de la cruz en la que Jesús sufrió y murió voluntariamente en nuestro lugar, para pagar el precio de todos nuestros pecados. En la cruz fueron derrotados el pecado y Satanás, y Jesús resucitó al tercer día, victorioso sobre la muerte. Jesús te invita a someterte a Él como Rey de tu corazón y Señor de tu vida.

La gran mentira del mundo:
Jesús es un maestro sabio, pero no es Dios.

La gran verdad de la Biblia:
Dios envió a Jesús a morir una muerte vicaria en la cruz, para que todo el que crea en Él tenga vida eterna.

Versículo para memorizar:
«Porque de tal manera amó Dios al mundo, que ha dado a su Hijo unigénito, para que todo aquel que en él cree, no se pierda, mas tenga vida eterna» (Jn 3:16).

Lectura en voz alta de la Biblia:
Jn 3:16; 2 Co 5:21; 1 P 2:24

ENSEÑANZAS:

Jesús vino a morir por los pecadores (Jn 3:16; 2 Co 5:21).

- Dios envió a su Hijo para que todo aquel que crea en Él tenga vida eterna y no perezca (Jn 3:16).
- Jesús sufrió y murió en nuestro lugar para pagar el precio de todos nuestros pecados (Heb 9:28).
- «Al que no conoció pecado, por nosotros lo hizo pecado, para que nosotros fuésemos hechos justicia de Dios en él» (2 Co 5:21).
- ¿Por qué vino Jesús al mundo?
  - Para librarnos del pecado (Jn 1:29).
  - Para destruir el poder de la muerte (Heb 2:14).
  - Para derrotar a Satanás (1 Jn 3:8 y 1 Jn 4:1-3).
  - Para cumplir la ley (Mt 5:17-18).
  - Para buscar y salvar a los perdidos (Lc 19:10).
  - Para servir y dar su vida en rescate por muchos (Mr 10:45).
  - Para revelar a Dios Padre a su pueblo (Mt 11:27).

Jesús vivió una vida perfecta.

- Jesús no tuvo pecado. Fue tentado como nosotros, pero nunca pecó de palabra, pensamiento u obra. Jesús «fue tentado en todo según nuestra semejanza, pero sin pecado» (Heb 4:15).

- Cumplió perfectamente toda la ley de Dios. Esto significa que amaba perfectamente a Dios, obedecía a sus padres, era amable con los demás y decía la verdad.
- Jesús es plenamente Dios y plenamente hombre. Se hizo humano para que pudiéramos ser rescatados del infierno.
- Jesús hizo una pregunta a la que usted debe responder: «¿quién decís que soy yo?» (Mt 16:15-16). Busque los siguientes versículos y lea cada uno en voz alta. Pida a un niño que resuma quién creía cada uno que era Jesús.
    - Marcos 1:1. ¿Quién dice Marcos que es Jesús?
    - Marcos 1:7-8. ¿Quién cree Juan el Bautista que es Jesús?
    - Marcos 1:23-24. ¿Cómo llamó el espíritu inmundo a Jesús?
    - Marcos 8:29. ¿Quién dijo Pedro que era Jesús?
    - Marcos 15:39. ¿Qué dijo el centurión en la cruz sobre Jesús?

Jesús cargó voluntariamente con nuestro castigo (1 P 2:24).

- «[Jesús] llevó él mismo nuestros pecados en su cuerpo sobre el madero, para que nosotros, estando muertos a los pecados, vivamos a la justicia; y por cuya herida fuisteis sanados» (1 P 2:24).
- Jesús lo hizo por amor a los que creerían en Él. Juan 3:16 nos recuerda: «Porque de tal manera amó Dios al mundo, que ha dado a su Hijo unigénito».
- Dios cargó sobre su Hijo los pecados de aquellos que creerían en Él. Jesús sufrió, sangró y murió en nuestro lugar.

- Jesús fue insultado, ridiculizado, golpeado, escupido, azotado, golpeado, coronado de espinas y tuvo una muerte dolorosa en la cruz.

Jesús pagó por nuestro pecado y nos perdona.

- La muerte de Jesús satisface completamente la justicia de Dios.
- Dios no retiene nada contra nadie que crea en Jesús. Al confiar en Jesús, nuestros pecados quedan pagados. Dios toma la vida perfecta de Jesús y nos la atribuye a nosotros.
- Para ser salvo usted debe arrepentirse de sus pecados y creer en Jesucristo (Mr 1:15). «si confesares con tu boca que Jesús es el Señor, y creyeres en tu corazón que Dios le levantó de los muertos, serás salvo» (Ro 10:9).
- Que se arrepiente de sus pecados significa que lamenta de verdad haberlos cometido. Significa que odia el pecado y quiere dejarlo, porque es feo y ofensivo para Dios. En lugar de vivir en pecado, usted desea vivir para agradar a Dios obedeciendo sus mandamientos; esto es algo que se demuestra mediante el amor a Dios y al prójimo.
- Hable del mensaje del evangelio e invite a los niños a responder a él.

Introducción a las religiones del mundo

La mayoría de las personas del mundo son conscientes de que existe un problema. Sin embargo, hay muchos puntos de vista diferentes con respecto a su solución. En esencia, cada religión mundial es una solución diferente al problema del pecado. Repasemos algunas de las religiones mundiales más populares y las soluciones que ofrecen:

- *El islam*: Enseña que no hay más dios que Alá y que Mahoma es su profeta. Creen que Jesús es el hijo de María y es un siervo de Dios, pero no es Dios. Creen que la Biblia está corrompida y llena de errores. Alá prefiere el juicio a la gracia. Está muy por encima de los hombres y no puede ser conocido. Quiere la justicia más que el amor. Alá pide a su pueblo que haga la guerra contra los infieles. La salvación se obtiene creyendo en Alá, rezando cinco veces al día, dando dinero a los pobres, ayunando durante el Ramadán y peregrinando a la Meca.
- *El hinduismo*: Reúne a un gran número de dioses bajo un principio universal supremo llamado Brahman. Los hindúes creen que las personas se reencarnan después de morir y que lo que una persona vuelve a ser está determinado por sus acciones en la Tierra; a esto se le llama el karma. El objetivo del hindú es alcanzar la iluminación en la tierra, para poder ir directamente al nirvana tras la muerte. Los hindúes son tolerantes con otras creencias. Lo que importa es que usted sea un creyente sincero de una religión auténtica. Creen que todas las almas se salvarán finalmente a través de una de estas tres vías: las obras (has seguido todos los ritos religiosos sin cometer errores); el conocimiento (adquieres conocimientos y llegas a un estado mental en el que el karma no tiene efecto), o la devoción (te vuelves extremadamente devoto de los dioses en la vida privada y pública).
- *El humanismo*: Busca la solución de los problemas en las personas y no en Dios. El hombre es Dios. Los humanistas rechazan la Biblia y adoran la ciencia en su lugar. Dios es sustituido por el hombre, y

la evolución es una creencia clave. Al documento principal del humanismo se le conoce como *Manifiesto humanista*, y es antirreligioso. Utilizan la ciencia para responder a los problemas, determinar la verdad y hacer del mundo un lugar mejor. Los humanistas niegan a Dios, la moralidad y la salvación en Cristo y se declaran ateos.

- *El marxismo/socialismo*: Sostiene que la vida es una lucha entre ricos y pobres en la que los pobres están oprimidos y tienen que pelear por sus derechos. Los marxistas niegan la existencia de Dios. La salvación es posible a través del comunismo, bajo el cual todos viven en total igualdad. No hay moralidad porque el bien y el mal los determina la sociedad. Un gobierno socialista ocupa el lugar de Dios.

Hoy en día se enseña que, en el fondo, todas las religiones son prácticamente iguales. Por supuesto, esto no es cierto. Para determinar en qué cree cada religión solo hay que preguntarse: ¿Qué enseña esta religión sobre Jesús? Aquí es donde cada religión difiere del cristianismo. El cristianismo cree que Jesús es Dios. Todas las demás religiones creen que Jesús fue un maestro sabio y una buena persona que nos mostró cómo vivir bien, pero luego rechazan la enseñanza bíblica acerca de su divinidad.

También podemos preguntarnos qué sugiere cada religión como solución al pecado. Todas las religiones, excepto el cristianismo, enseñan que hay que hacer buenas obras para recibir la aprobación de Dios e ir al cielo. Cada religión señala diferentes buenas obras que deben hacerse, pero al final lo importante es que usted se gane la salvación. El cristianismo es la única religión que enseña que no se trata de lo que usted haya hecho, sino de lo que Jesús hizo en la cruz para usted.

Todas las religiones menos el cristianismo son un camino al infierno. Jesús dijo: «Yo soy el camino, y la verdad, y la vida; nadie viene al Padre, sino por mí» (Jn 14:6). Si alguna vez alguien le dice que puede salvarse por cualquier otro medio que no sea Jesús, se equivoca, no importa lo sincero que pueda parecer.

Conversaciones valientes:

1. Lea Juan 3:16 y 2 Corintios 5:21. Según la Biblia, ¿por qué vino Jesús a la tierra?
2. ¿Por qué murió Jesús en la cruz? Lea los siguientes pasajes:
   - Juan 1:29
   - Hebreos 2:14
   - 1 Juan 3:8 y 1 Juan 4:1-3
   - Mateo 5:17-18
   - Lucas 19:10
   - Marcos 10:45
   - Mateo 11:27
3. Lea 1 Pedro 2:24. ¿Por qué es importante la muerte de Jesús? ¿Cambiaría algo que Jesús nunca hubiera muerto en la cruz o resucitado?
4. La Biblia enseña que Jesús murió para que usted pueda tener una relación restaurada con Dios y ser salvo del pecado. ¿Cree usted esto? ¿Por qué sí o por qué no?
5. Lea Romanos 10:9. ¿Qué debe hacer una persona para ser salva?
6. Si usted muriera esta noche, ¿está seguro de que iría al cielo?

Guía de estudio

¿Qué dice la Escritura?

- 1 Corintios 15:3-4
- 2 Corintios 5:18-21

Puntos clave y preguntas para el debate

Para poder transmitir el evangelio de Cristo a nuestros hijos y nietos, primero debemos recibirlo nosotros. Dios nos ha dado el ministerio de discipular a otros, empezando por nuestros hijos, para que sean seguidores de Jesús, crezcan en la semejanza de Cristo y compartan el evangelio con otros. Del pasaje de 2 Corintios antes mencionado extraemos, junto con las referencias cruzadas, tres puntos principales:

1. El pecado debe tratarse, no puede ser ignorado ni disculpado. Jesús vino a la tierra para reconciliar con Dios a los seres humanos pecadores. ¿Cómo describe Colosenses 1:20 ese proceso de reconciliación?
2. Los niños deben ser firmemente incentivados a reconciliarse con Cristo. Lea Romanos 5:8-11 y haga una paráfrasis para explicarle el pasaje a un niño.
3. Dios llama a todos los creyentes a ser embajadores. Según Marcos 16:15, ¿qué encargo hizo Jesús a todos sus discípulos tras resucitar de entre los muertos?
4. ¿Quién compartió el evangelio con usted? ¿Cómo conoció a Jesús y puso su fe en Él?
5. ¿Qué ha hecho en su casa para compartir el evangelio?

Conclusión

Adán y Eva se rebelaron contra Dios e introdujeron el pecado en todo el mundo. Dios prometió que volvería a hacer todas las cosas nuevas, aplastando la cabeza de la serpiente y enviando al Salvador de la simiente de una mujer. Dicho plan de redención se desarrolló en el Antiguo Testamento a través de Noé, Abraham, José, Moisés, David y los profetas, que apuntaron a la obra redentora y restauradora de Cristo. El Nuevo Testamento completó el proyecto divino mediante la derrota de Satanás por parte de Jesús, a través de su muerte y su resurrección. A nosotros se nos invita a someternos a Jesús como Señor y Rey, y a ayudar a nuestros hijos a hacer lo mismo.

12

Restauración: ¿cómo terminará todo?

Dios hará nuevas todas las cosas

Esperanza. Es una palabra que todo el mundo ama, porque ser transformados es el anhelo más profundo de nuestro corazón. Nuestra esperanza consiste en la gran promesa del evangelio de que Jesús hará nuevas todas las cosas, es la visión de un futuro en el que todo será restaurado a su estado original.

La restauración es uno de los temas de la Escritura. Es una palabra que resume la labor de la Iglesia y el papel de los cristianos en el mundo. La Biblia nos dice que el plan de Dios es la restauración del universo a su estado original, bueno y verdadero. Considere las siguientes formas en que la Biblia habla de la restauración:

- *Restauración espiritual.* En la Biblia encontramos ejemplos de la restauración espiritual que ocurre después de que alguien haya pecado contra Dios o contra el prójimo. Por ejemplo, David buscó ser restaurado después de haber pecado contra Dios: «*Restitúyeme* el gozo de tu salvación, y sostenme con un espíritu de poder [énfasis añadido]» (Sal 51:12 LBLA). Pablo animó a los creyentes maduros a restaurar a los cristianos que se encontraban atrapados en el pecado. «Hermanos, si alguno fuere sorprendido en alguna falta, vosotros que sois espirituales, *restauradle* con espíritu de mansedumbre [énfasis añadido]» (Ga 6:1). La restauración espiritual comienza con el arrepentimiento, que conduce a la salvación y a vivir correctamente.

- *Restauración física.* Dios se preocupa por nosotros y nos restaura mediante la provisión financiera y la sanación física. «Jehovah *restauró* a Job, cuando él oraba por sus amigos, y aumentó Jehovah al doble todo lo que había pertenecido a Job [énfasis añadido]» (Job 42:10 RVA). «Pero yo te *restauraré* y sanaré tus heridas —afirma el SEÑOR [énfasis añadido]» (Jer 30:17a NVI).
- *Restauración del Reino.* Dios renovará toda la creación: «Así que, arrepentíos y convertíos, para que sean borrados vuestros pecados; para que vengan de la presencia del Señor tiempos de refrigerio, y él envíe a Jesucristo, que os fue antes anunciado; a quien de cierto es necesario que el cielo reciba hasta los tiempos de la *restauración de todas las cosas,* de que habló Dios por boca de sus santos profetas que han sido desde tiempo antiguo [énfasis añadido]» (Hch 3:19-21).

Dios tiene un compromiso con la restauración y hemos sido llamados a unirnos a Él en esa tarea. Estos pasajes nos recuerdan que somos agentes de restauración. Pablo ruega a Dios que la restauración se haga realidad y exhorta a la iglesia a esforzarse por ella. También nos instruye para que restauremos a los que se encuentran esclavizados por el pecado. Pedro afirma que la restauración comienza con el arrepentimiento y recuerda a la iglesia que el plan prometido por Dios desde la antigüedad es la restauración de todas las cosas, incluido este mundo caído que gime a causa de la maldición del pecado.

El tema de la restauración ocupa un lugar prioritario en la Escritura, es un objetivo central de la iglesia y debería ser importante para nosotros. Pablo dice a la iglesia de Corinto: «oramos a Dios para que los *restaure* plenamente. [...] En fin, hermanos, alégrense, busquen su *restauración*, hagan caso de mi exhortación, sean de un mismo sentir, vivan en paz. Y el Dios de amor y de paz estará con ustedes [énfasis añadido]» (2 Co 13:9,11 NVI).

El plan de Dios para restaurar todas las cosas a través de Jesús

El último de los elementos de una cosmovisión bíblica que vamos a estudiar es la visión bíblica de la restauración de un mundo caído hasta llevarlo a la perfección. Lo que comenzó en Génesis concluye en Apocalipsis. Dios nos dice cómo termina la historia de la redención, y su mensaje está lleno de esperanza. La Biblia comienza explicando que la creación existía en un estado de perfección y cómo cayó bajo maldición a causa del pecado. También nos dice que el poder del pecado fue quebrantado, que la muerte fue derrotada y que Dios renovará todas las cosas. El evangelio de Jesucristo es poder de Dios para la transformación.

Apocalipsis 21:1-8 ofrece una visión llena de esperanza respecto al futuro que aguarda a los cristianos. Dios restaurará a su estado original todo aquello que acabó desastrosamente mal debido a la caída. El final de la Biblia nos ayuda a comprender que la culminación del plan de Dios para la historia es la restauración del hombre y la mujer, y de toda la creación, al estado anterior a la caída. Se nos da una visión del cielo, de la esperanza de la eternidad y del verdadero paraíso, ¡y resulta emocionante! Este mundo es el único infierno que conocerán los cristianos, pero también será el único cielo que conozcan los incrédulos.

Se acerca el día en el que Dios restaurará todas las cosas a su orden perfecto y eliminará el dolor y la muerte. Los cristianos vivimos en la tensión del «ya, pero todavía no». Dios ya ha obtenido la victoria sobre el pecado, Satanás y la muerte, pero las consecuencias de la caída aún no se han revertido. Mientras esperamos por fe el plan prometido por Dios para el futuro, el Señor nos pide que seamos mayordomos diligentes que realizan activamente su obra en el mundo, sabiendo que un día volverá y nos pedirá cuentas de nuestra vida. Debemos vivir a la luz de la eternidad, reconociendo que somos extranjeros y peregrinos en este mundo. Aunque este mundo no sea nuestro hogar definitivo, somos embajadores del Rey y este nos ha encargado la misión de servirlo en el mundo mediante nuestro trabajo.

El plan de restauración de Dios por medio de los cristianos

Uno de los problemas de la iglesia actual es la incapacidad de comprender la amplitud del plan de Dios para la restauración, que incluye tanto nuestra salvación personal como la restauración de toda la creación. Bíblicamente hablando, la salvación no es el final, es el principio. Los cristianos no deben detenerse en medio de la historia bíblica. La Biblia no termina en el calvario, termina en la consumación.

Los seguidores de Cristo deben vivir redentoramente para la gloria de Dios y por el bien del mundo. ¿Cómo lo hacemos? Tómese un momento y considere cuatro preguntas que le ayudarán a determinar cómo le ha preparado Dios para unirse a su obra de restauración del mundo.[1]

1 John Stonestreet y Warren Cole Smith, *Restoring All Things: God's Audacious Plan to Change the World through Everyday People* (Grand Rapids: Baker Books, 2015), pp.25–26.

1. ¿Qué cosas buenas hay en el mundo que usted pueda fomentar, proteger y celebrar?

Dios creó un mundo bueno, y gran parte de esa bondad permanece. Los cristianos pueden promover la santidad de la vida, el valor de la maternidad y la paternidad, las causas sin ánimo de lucro o el importante papel de los abuelos. Los cristianos pueden celebrar la longevidad de un matrimonio fiel o trabajar para proteger la libertad de expresión, los animales en peligro de extinción, una buena mayordomía de la creación de Dios y muchas cosas más.

A menudo se presiona a los cristianos para que hagan de su fe algo privado, y la vivan en la tranquilidad de su propio hogar. Debido a ello, el cristianismo pierde su enfoque misionero y deja de transformar a la sociedad. Su fe pertenece al ámbito público de la educación, la política, los medios de comunicación social y el lugar de trabajo.

Dios espera de nosotros una fe pública, vivida en el mundo, con vistas a la restauración de todas las cosas. Jesús nos instruye a iluminar el mundo (Lc 8:16-18). Pablo sugiere que el bautismo debe ser la proclamación pública de nuestro nuevo caminar en Cristo gracias al evangelio (Ro 6:3-4). Santiago nos dice que la fe sin obras está muerta (2:14-26). En Mateo, Jesús nos exhorta a no avergonzarnos de la obra de Dios delante de los hombres (10:32-33).

Dios nos envía como embajadores suyos al mundo para que digamos la verdad, para que moldeemos nuestras comunidades y transformemos la sociedad, para que defendamos los valores morales que enseña la Biblia y para que nos comprometamos con la gente que nos rodea en relación con los temas de actualidad. Los cristianos deben ser personas que conocen la verdad, hablan la verdad y viven la verdad. Philip Yancey señala:

«En ningún otro ámbito corre la iglesia mayor riesgo de perder su vocación que en la plaza pública».[2] Ojalá proclamemos el evangelio y veamos nuestro trabajo como una herramienta de Dios para restaurar el mundo.

2. *¿Qué falta en nuestra sociedad que usted pueda aportar de forma creativa?*
Dios creó a los cristianos para ser creativos. Cuando falta algo, debemos encontrar la manera de ofrecérselo al mundo. La creatividad humana debidamente encauzada glorifica a Dios y ayuda al mundo.

> Cada uno según el don que ha recibido, minístrelo a los otros, como buenos administradores de la multiforme gracia de Dios. Si alguno habla, hable conforme a las palabras de Dios; si alguno ministra, ministre conforme al poder que Dios da, para que en todo sea Dios glorificado por Jesucristo, a quien pertenecen la gloria y el imperio por los siglos de los siglos. Amén (1 P 4:10-11).

Como buenos administradores de la gracia de Dios, utilicemos sus dones para servir a los demás. Esta es una de las herramientas de Dios para restaurar el mundo.

Jesús no solo nos salvó de la ira de Dios, también nos salvó para que sirviéramos a Dios, para que reanudáramos la tarea para la que fuimos creados en un principio, y no únicamente para que fuéramos al cielo después de morir. Tenemos que preparar a los jóvenes para que lleven a cabo la misión de Dios en sus comunidades y trabajos. Independientemente de cuál sea la vocación futura de un niño, este debería verla como un llamado santo a administrar una pequeña parte del mundo de Dios y traerle honor a Él. Amas de casa, empresarios, profesores, personal de atención al público, artistas, políticos...

2 Philip Yancey, *Christians and Politics: Uneasy Partners* (Nashville: Creative Trust Digital, 2012).

todas las personas de todas las profesiones necesitan ser conscientes de que han sido enviadas para testificar acerca de Cristo en beneficio de los demás. Nuestro trabajo no es algo que hacemos solo para Dios, sino una forma de participar en la obra divina de restauración de todas las cosas.

3. ¿Qué males hay en nuestra sociedad que usted pueda erradicar?

Dios odia el mal y nosotros también deberíamos hacerlo. Es un requisito básico del amor al prójimo. Cristianos valientes como William Wilberforce, la Madre Teresa y Martin Luther King Jr. trabajaron para erradicar el mal. A lo largo de la historia, los cristianos se han caracterizado por ocuparse del sufrimiento ajeno, en lugar de desentenderse de él, por ayudar a los más débiles, a los perdidos y a los que nadie quería ayudar, así como por oponerse a las injusticias del mundo. Dios ha llamado a algunos cristianos a plantarle cara al mal.

Al contemplar todos los problemas que tiene el mundo resulta tentador perder la esperanza y hacer nuestro el sentimiento de Eclesiastés 12:8: «Vanidad de vanidades, [...] todo es vanidad». Sin embargo, en lugar de desanimarnos, podemos ofrecer a un mundo herido la esperanza de Cristo. El evangelio transforma tanto vidas individuales como comunidades enteras. El evangelio salva almas, cierra clínicas abortistas, libera a las mujeres del tráfico sexual, aumenta la laboriosidad y elimina las adicciones.

La Biblia afirma que Dios liberará a la creación de su sufrimiento mediante un acontecimiento radical y único (Ro 8:19-21). Mientras tanto, los cristianos pueden aportar sanación y esperanza a un mundo herido, promoviendo el bien y oponiéndose al mal. Los cristianos debemos esforzarnos por aportar verdad, belleza y bondad al mundo que nos rodea. Al hacerlo, muchos se beneficiarán y Dios será glorificado.

4. *¿Qué hay roto en el mundo que se pueda reparar?*
En última instancia, reflejamos el evangelio con mayor claridad al restaurar lo que ha sido dañado por el pecado y devolverlo al propósito de Dios. Vivimos en un mundo roto, desordenado y manchado por el pecado, así que la lista de oportunidades es larga. Tal vez Dios le esté llamando para que ayude a restaurar hogares rotos, matrimonios rotos, huesos rotos, organizaciones rotas, coches rotos, corazones rotos, sueños rotos o tuberías rotas. Cuando Dios arregla lo que está roto y tenemos el privilegio de formar parte de ello, estamos aportando nuestra pequeña ayuda a reparar las ruinas de la caída y desempeñando un importante papel restaurador.

Los jóvenes se preguntan cómo podemos hacer del mundo un lugar mejor. La Biblia nos da la respuesta y la visión. Cuando es el evangelio lo que moldea nuestras motivaciones y maneras de reparar lo que está roto, puede producirse una verdadera transformación de la sociedad, que produzca corazones nacidos de nuevo. El mundo necesita las buenas nuevas del evangelio y será bendecido por las buenas obras de los cristianos.

Todo cristiano es un misionero. Donde otros ven fracaso él ve una oportunidad. Nuestro hogar y nuestra profesión son nuestro campo misionero. Jesús nos envía a nuestros vecinos, a nuestro puesto de trabajo y a nuestra ciudad, a donde quiera que marquemos la diferencia restaurando lo que está roto y compartiendo el evangelio.

Comprender el mandato de la creación

La expresión *mandato de la creación* se utiliza para resumir el papel otorgado por Dios al ser humano en Génesis 1:28: «Y los bendijo Dios, y les dijo: Fructificad y multiplicaos; llenad la tierra, y sojuzgadla, y señoread en los peces del mar, en las aves de los cielos, y en todas las bestias que se mueven sobre la tierra». Podría resumirse con las palabras *llenar* y *señorear*. Dios creó a los seres humanos con la responsabilidad específica de llenar la tierra con sus hijos y sojuzgar el mundo, poniendo orden a partir del desorden. En otras palabras, debemos hacer lo que Dios hizo cuando creó el mundo.

Cristo nos ha encomendado hasta su regreso el gozo de hacer la obra del reino. Nos ha creado para que seamos sus representantes y llevemos a cabo su obra en la tierra. Es fundamental que los niños comprendan su papel como embajadores de la obra divina de restauración del mundo. Efesios 2:10a proporciona a los niños un sentido de propósito para sus vidas y su vocación futura: «Porque somos hechura suya, creados en Cristo Jesús *para buenas obras* [énfasis añadido]». El apóstol Pablo le dice a Timoteo que su función como pastor es preparar a los cristianos «*para toda buena obra* [énfasis añadido]» (2 Ti 3:17b). Nosotros tenemos el mismo papel de preparar a los niños para el trabajo que Dios haya escogido para ellos. Vender ropa, conducir un camión, instalar electrodomésticos, enseñar a niños o dirigir una organización no son actividades sin sentido, sino servicios al Señor.

Christian Overman nos ayuda a comprender cómo se aplica el mandato de la creación cuando afirma:

> Fuimos creados para gobernar sobre el planeta azul y todo lo que hay en él. Esto incluye el agua, el aire, la electricidad, las ondas sonoras, la luz, el plomo, el uranio, la plata, el caucho, los arces, el dinero, los peces, los pájaros, las vacas, las zanahorias, el cobre, los dedos, los pulgares, los brazos, los pies, los bienes inmuebles, los boniatos, la soja y todos los productos derivados, incluidos el plástico y los tintes, así como las imágenes digitales, los teléfonos

> inteligentes, los libros electrónicos, los barcos, los coches, los aviones, el pegamento, el papel, el anticongelante, los lápices, los helados y ¡los pasteles! Los seres humanos también fueron creados para gobernar sistemas completos, porque sin sistemas no se puede gobernar sobre las cosas: se necesitan sistemas civiles, sistemas jurídicos y sistemas económicos. [...] Esto incluye, ciertamente, hacer presente el gobierno de Dios en nuestras diversas ocupaciones, a medida que vivimos las implicaciones de nuestra fe en el contexto de nuestro trabajo diario, ya sea en el hogar o en la sociedad.[3]

Dios creó a los seres humanos para que gobernaran sobre toda su creación y esto tiene importantes implicaciones para nuestro propósito en el mundo. El mundo le pertenece a Dios y Él nos ha encomendado la tarea de administrarlo. Nuestro propósito en la tierra comienza con la proclamación del evangelio, pero esta no es nuestra única responsabilidad. Overman afirma:

> Cuando vemos la tierra como «la buena creación de Dios, que ahora está rota» y comprendemos el papel y la misión que Dios nos ha dado en ella, entonces el evangelio se transforma realmente en algo más que el evangelio de nuestra salvación personal. Es el evangelio del Reino (el dominio del Rey), que es el término que se utiliza en la Biblia para identificar al evangelio en sí. Que mi alma se salve del infierno es, en efecto, una buena noticia. Pero ese no es todo el significado de las buenas nuevas. Las buenas nuevas del Reino consisten en que Cristo restaurará todas las cosas, no solo las almas. ¿Qué clase de «cosas»? ¡Las cosas de la tierra!... La reconciliación de Cristo abarca toda la creación, que

3 Christian Overman, "The Lost Purpose of Learning", 21 de agosto del 2016, issuu. com, visitado el 3 de noviembre del 2018, https: / / issuu.com / christianoverman / docs / the_ lost_purpose_for_learning.docx.

es mucho más que el alma humana. El alcance de su redención se extiende a todo lo que se vio afectado por la caída, es decir, a todo lo creado.[4]

Pablo nos dice que todas las cosas fueron creadas por Dios y para Dios, y que Dios restaurará todas las cosas a su estado anterior a la caída: «por cuanto agradó al Padre que en él habitase toda plenitud, y por medio de él reconciliar consigo todas las cosas, así las que están en la tierra como las que están en los cielos, haciendo la paz mediante la sangre de su cruz» (Col 1:19-20). Dios nos reconcilia por medio de Cristo, pero eso no es todo. Dios reconcilia todas las cosas para que Él pueda tener la preeminencia en todo, y ha elegido utilizar nuestro trabajo como medio para ese fin.

Transmita a los niños esa visión. Ayúdeles a comprender que el trabajo es una forma de cumplir el mandato de la creación de Dios; es una vocación santa y un medio para amar a nuestro prójimo. Martín Lutero lo comprendió, cuando dijo:

> Cristo me ha servido y lo ha preparado todo para que le siga; por tanto, yo también debo servir a mi prójimo y protegerlo a él y a todo lo que le pertenece. Esa es la razón por la que Dios me ha dado este puesto, y lo tengo para poder servirle. Así seré un buen príncipe y gobernante. Cuando un príncipe ve oprimido a su prójimo, debe pensar: ¡Eso me concierne! Debo proteger y amparar a mi prójimo. […] Lo mismo vale para el zapatero, el sastre, el escriba o el lector. Si es un sastre cristiano, dirá: Hago esta ropa porque Dios me lo ha ordenado, con el fin de ganarme la vida, con el fin de ayudar y servir a mi prójimo.[5]

---

4 Overman, "The Lost Purpose of Learning".

5 Martín Lutero, "Sermon in the Castle Church at Weimar", en D. Martin Luthers Werke: Kritische Gesamtausgabe, vols. 60 (Weimar: Herman Böhlaus Nachfolger, 1883–1980), p.382.

Dirigir un negocio, enseñar a los alumnos, gestionar un hogar no son actividades secundarias, sino formas de hacer la obra de Dios en el mundo. Nuestra vocación no es algo que hacemos solo para Dios, sino una forma de participar en la obra de Dios.

> Existe una noción común entre los cristianos que creen en la Biblia, la de que, si una persona quiere servir realmente a Dios, reparar una red de alcantarillado no puede compararse con el trabajo de un pastor o un misionero. El hecho de que incluso podamos separar ambas cosas en nuestra cabeza es indicativo del problema tan grande que tenemos. Sin embargo, como escribió Ray Bakke en su obra *A Theology as Big as the City*: «Los cristianos son las únicas personas que pueden comentar en la misma frase la salvación de las almas y la reparación del sistema de alcantarillado de la ciudad».[6]

Todo nuestro trabajo le importa a Dios y es nuestra contribución para reparar las ruinas y revertir los efectos de la caída. El trabajo moldeado por el evangelio es una poderosa fuerza restauradora.

Los niños necesitan una visión bíblica de cómo vivir en el mundo de Dios. El mandato de la creación les proporciona una visión de la vida. Proporciona sentido y propósito al trabajo, y orienta nuestras prioridades al objetivo de ser mayordomos de la creación de Dios. Los jóvenes se preguntan cuál es su propósito en el mundo y quieren saber si su vida tiene algún significado. Hay que dar a los niños una visión convincente y bíblica de que el trabajo no es una carga, sino una bendición, y de que forman parte de la misión del reino de Dios de restaurar todas las cosas por medio de Cristo. Veamos ahora un

---

6 Overman, "The Lost Purpose of Learning".

bosquejo que puede utilizar para enseñar a los niños el plan de Dios de restaurar todas las cosas en Cristo.

Enseñar a los niños cómo terminará todo

Dios creó el mundo y dijo que este era bueno. No pasó mucho tiempo hasta que el problema del pecado y la angustia de la muerte ensombrecieron toda la creación. Bajo el peso del pecado, una creación buena se convirtió en una creación gimiente. La rebelión del hombre contra Dios condujo a la maldad y al dolor. El resultado puede verse en las páginas de los libros de historia, que están llenas de asesinatos, guerras, codicia, egoísmo, enfermedades, gobiernos corruptos y familias rotas. Pero estos trágicos relatos no constituyen la última palabra de la historia humana.

La Biblia no tiene como tema principal los fracasos del hombre, sino el plan redentor de Dios. La Biblia es una gran historia que nos cuenta cómo salvó Dios de su ira, de forma inmerecida, a los pecadores mediante la vida, la muerte y la resurrección de Jesucristo. El gran relato de la Biblia es una historia de salvación basada en la promesa del pacto hecho por Dios. Dios, en su gran misericordia, sanó la rebelión del hombre mediante Jesús, para la gloria de Dios y nuestro bien. Lo que salió terriblemente mal en el Génesis se invierte en la cruz, y se renueva con el regreso de Jesús en Apocalipsis.

La gran mentira del mundo:
Solo se vive una vez, así que disfrute de la vida mientras pueda.

La gran verdad de la Biblia:
Dios nos da esperanza y promete hacer nuevas todas las cosas en Cristo.

Versículo para memorizar:
«Ya no habrá muerte, ni habrá más llanto, ni clamor, ni dolor; porque las primeras cosas pasaron. Y el que estaba sentado en el trono dijo: He aquí, yo hago nuevas todas las cosas». (Ap 21:4-5)

Lectura en voz alta de la Biblia:
Mt 25:34,41 y Ap 21:1-5

ENSEÑANZAS:

¿Qué ocurrirá al final de los tiempos?

1. *Jesús regresará como Rey y para reinar (Ap 12:17; 20:10).*
    - Después de resucitar de entre los muertos, Jesús ascendió al cielo, donde está sentado a la diestra de Dios Padre, orando por su pueblo (Mr 16:19).
    - Se acerca el día en que Jesús regresará a la tierra por segunda vez para juzgar a todas las personas (2 Ti 4:1).
    - Jesús regresará como Rey guerrero y derrotará al dragón, tal y como prometió en Génesis 3:15 (Ap 20:10). La serpiente de Génesis 3 es el dragón de Apocalipsis 12:17. ¡Jesús es quien vence al dragón y el Rey de reyes!

2. *Todas las personas pasarán la eternidad en uno de estos dos lugares: el cielo o el infierno (Mt 25:34,41).*
    - ¿Ha oído la frase: «Solo se vive una vez»? Suena bien, pero no es verdad. La muerte no es el final de nuestra historia, sino el principio.
    - Dios le creó para vivir eternamente. Cuando su cuerpo muera, su alma seguirá viviendo.
    - Dios envía a los malvados al infierno, donde serán atormentados para siempre (Mt 25:41). Dios salva a los que creen en Jesús para llevarlos al

cielo, donde adorarán gozosos a Dios para siempre (Mt 25:34).

- La persona sabia acumula tesoros en el cielo, no en la tierra, y vive de forma que lo eterno tenga prioridad sobre las cosas mundanas (M. 6:19-20).

3. *Dios renovará el mundo (Ap 21:1-5).*

- Se crearán un cielo nuevo y una tierra nueva. (Ap 21:1).
- Este mundo no es nuestro hogar definitivo. Estamos aquí con una misión. Nuestro tiempo es corto y la vida pasará en un abrir y cerrar de ojos (Sal 103:15).
- Dios está preparando nuestro hogar eterno, que es más hermoso y maravilloso de lo que podemos imaginar. Los que crean en Jesús morarán con Dios (Ap 21:2-3). ¡Lo mejor está por llegar!
- No habrá más dolor, muerte, tristeza ni pecado (Ap 21:4). Podemos estar gozosos en medio de las pruebas, porque tenemos la esperanza de que se acerca un futuro mejor.

4. *Formamos parte del plan de Dios de hacer nuevas todas las cosas.*

- Dios no sólo nos salvó de algo, nos salvó para algo: para reanudar la tarea para la que fuimos creados originalmente.
- Debemos utilizar nuestros dones, talentos y habilidades para reparar el daño causado por el pecado. Su trabajo es un acto de adoración a Dios y una forma de cumplir su propósito en la tierra que glorifica a Dios, al reflejar el carácter divino por medio de su trabajo.

- Su vocación futura no es algo que usted hace solo para Dios, es una forma de participar en la obra de Dios en el mundo.

Conversaciones valientes:

1. Lea Génesis 3:15 y Apocalipsis 12:17; 20:10. Qué se cumple Génesis 3:15 en Apocalipsis? ¿Qué enseñan estos versículos respecto al estado final de Satanás?
2. Lea Mateo 25:34 y 41. ¿Cuál es el estado eterno del justo? ¿Y el del malvado?
3. Lea Apocalipsis 21:1-8. ¿Qué nos enseña este pasaje sobre el futuro?
4. Lea Mateo 6:19-20. ¿Cómo debemos vivir, en vista de la eternidad? ¿Sus acciones y deseos revelan que vive para las cosas de este mundo o para la eternidad?
5. ¿Qué ha causado tristeza y dolor en su vida? ¿De qué manera una relación con Jesús y una perspectiva eterna nos ayudan a superar los momentos difíciles?
6. Mencione una cosa que le entusiasme del cielo.
7. ¿Cree que el infierno es real? ¿Por qué sí o por qué no?
8. Lea Génesis 1:28. ¿Qué dones y talentos tiene que pueda utilizar para servir a Dios?

Conclusión

La cosmovisión bíblica es un conjunto de creencias sobre la vida que determina cómo vivimos. Una cosmovisión bíblica ayudará a los niños a desarrollar una fe profunda y duradera en Cristo. Cada persona tiene una cosmovisión, una forma de organizar las cosas en su mente. Cada niño está en proceso de organizar sus puntos de vista en un patrón que tenga sentido para él. La cuestión no es si un joven tendrá una cosmovisión, sino si esta será buena o mala y si el niño aprenderá o no a llevar todos sus pensamientos a la obediencia a Cristo.

Hoy se libra una batalla por los corazones y las mentes de los niños, y es mucho lo que está en juego. El mundo trabaja con diligencia para que los jóvenes adopten su forma de pensar y de vivir. Un número alarmantemente alto de jóvenes cristianos están interiorizando los puntos de vista del mundo, abandonando la iglesia y alejándose de Cristo. Una de las mayores tragedias de la iglesia a lo largo de su historia ha sido su continua tendencia a amoldarse a la sociedad, en lugar de transformarla mediante el evangelio de Jesucristo.

Debemos nutrir, cuidar y persuadir deliberadamente a los niños para que acepten la autoridad de la Escritura y el señorío de Cristo. La naturaleza egoísta y pecaminosa de los niños hace que tiendan por naturaleza a amar todas las cosas malas. La sociedad trata activamente de persuadir a los niños para que crean las ideas actuales, que los alejarán cada vez más de Cristo. Debemos hacer todo lo posible para formar las creencias de los niños, de modo que desarrollen una fe perdurable en Cristo y sirvan al Señor.

Si cree que estos son tiempos peligrosos, está en lo cierto. Vivimos en un mundo poscristiano que trabaja sin descanso para conformar a nuestros hijos a su forma de pensar y de vivir. Qué fácil es dejar que el miedo gobierne nuestros corazones y caer en la tentación de escondernos, con el fin resguardarnos a nosotros mismos y a nuestros hijos del mal. Qué fácil es condenarnos por las deficiencias en el discipulado de nuestros hijos. Qué fácil es culpar a Dios en lugar de confiar en Él como nuestra roca y refugio en tiempos de necesidad. Y qué fácil es fijar nuestros ojos en el caos, en lugar de en Cristo. Confiemos en el Señor, porque Él es un Dios soberano que tiene el control de todas las cosas.

Debemos comprometernos a amar, aprender y vivir la Palabra de Dios. Nuestros hijos necesitan desesperadamente que les enseñemos la verdad bíblica, que los discipulemos hasta la madurez en Cristo, que seamos un modelo de fe digno de imitar y que los entrenemos para reconocer y rechazar las ideas falsas de la sociedad, a fin de que estén firmes en la fe. ¿Se compromete a vivir en obediencia a la Palabra de Dios y transmitir a la próxima generación una fe profunda, duradera y bíblica, que marque una verdadera diferencia en sus vidas y glorifique a Cristo en este mundo?

La cosmovisión bíblica importa. Merece su tiempo y su atención. Todo niño creerá algo, basado en alguna autoridad, que determinará sus decisiones, su rumbo en la vida y su destino eterno. La cosmovisión importa porque todo niño está en proceso de desarrollar su visión de Dios, de la creación, del pecado, del infierno, de la salvación, del matrimonio, del género, del dinero, del trabajo, del aborto, del cambio climático, del gobierno, de la iglesia y de una larga lista de otros temas. Comprometámonos a formar a los niños para que piensen y vivan bíblicamente en un mundo secularizado, de modo que podamos decir: «No tengo yo mayor gozo que este, el oír que mis hijos andan en la verdad» (3 Jn 4).

Guía de estudio

¿Qué dice la Escritura?

- Apocalipsis 21:1-8
- Isaías 65:17-19

Puntos clave y preguntas para el debate

La Biblia afirma que Dios planea restaurar todo el universo a su estado original bueno y verdadero. Además, la palabra «restauración» podría sintetizar la labor de la iglesia y el papel de los cristianos en el mundo. Considere los siguientes tipos de restauración que menciona la Biblia.

1. *El pecado debe ser tratado*: No puede ser ignorado ni excusado. Jesús vino a la tierra para reconciliar a las personas pecadoras con Dios. ¿Cómo describe Colosenses 1:20 el proceso de la reconciliación?
2. *La restauración espiritual*: Comienza con el arrepentimiento, que conduce a una vida piadosa. A partir de los siguientes pasajes bíblicos, indique quiénes necesitan el arrepentimiento, de qué deben arrepentirse y cuál es el resultado.
    - Salmos 51:1-12
    - Gálatas 6:1-2
    - 1 Juan 1:9
3. *La restauración física*: Dios es compasivo y está dispuesto a restaurarnos. Lea estos pasajes bíblicos e indique qué aspecto de la vida física restauró Dios:
    - Job 42:10
    - Jeremías 30:17

4. *Restauración del reino*: Dios hará nueva toda la creación. Encontramos esta promesa en los profetas, en los apóstoles y en el propio Jesús. Lea Apocalipsis 21 e indique cómo reflejan el pasaje los siguientes versículos.
   - Mateo 24:34-35
   - Isaías 65:17-19
   - Hebreos 12:25-29

La restauración es una gran prioridad en las Escrituras. Dios está en el asunto de la restauración, pero también llama a la iglesia a unirse con Él (1 Cor 13: 9, 11). Consideren y discutan juntos cómo Dios podría usar su iglesia para acompañarlo en la obra de restauración en este mundo presente

1. ¿Qué cosas buenas hay en el mundo que usted pueda promover, proteger y celebrar?
2. ¿Qué falta en nuestra cultura que usted pueda aportar de forma creativa?
3. ¿Qué cosas malas hay en nuestra sociedad que usted pueda detener?
4. ¿Qué hay roto en el mundo que usted pueda restaurar?

✓ Conclusión

La perspectiva eterna de la restauración es que Dios restaurará a un estado de perfección este mundo caído. Desde el principio y a lo largo de toda la Biblia, hasta sus últimas páginas, Dios ha ido revelando como concluirá la historia de la humanidad: el poder del pecado será quebrantado, la muerte será derrotada y Dios hará nuevas todas las cosas. Este mundo no es nuestro hogar definitivo. Jesús prometió que prepararía un lugar para nosotros y que vendría de nuevo para llevarnos con Él (Jn 14:1-3). Salmos 84:5 afirma: «Bienaventurado el hombre [...] en cuyo corazón están tus caminos». ¿Se compromete a vivir en obediencia a la Palabra de Dios y transmitir a la próxima generación una fe profunda, duradera y bíblica, que marque una verdadera diferencia en sus vidas y glorifique a Cristo en este mundo?

> Amado, yo deseo que tú seas prosperado en todas las cosas, y que tengas salud, así como prospera tu alma. Pues mucho me regocijé cuando vinieron los hermanos y dieron testimonio de tu verdad, de cómo andas en la verdad. No tengo yo mayor gozo que este, el oír que mis hijos andan en la verdad. (3 Juan 2-4)

Apéndice

Recursos para desarrollar una cosmovisión bíblica

Una vez que comprendemos la urgencia de ayudar a los jóvenes a desarrollar una cosmovisión bíblica, el siguiente paso es encontrar los mejores recursos para ayudarles en la tarea. Hay muchos recursos disponibles —aunque no todos traducidos al español— y cada año se escriben más, ¿cuáles utilizar? Tras casi veinte años de ministerio a tiempo completo como pastor, y como padre de cinco hijos, he aquí mis recursos favoritos para ayudar a los jóvenes a desarrollar una cosmovisión bíblica:

What Does the Bible Say about That? A Biblical Worldview Curriculum for Children

por Kevin Swanson (escuela primaria)

Una introducción a la cosmovisión bíblica que ayudará a los niños a dar sentido al mundo que les rodea y les mostrará un panorama general de la verdad de Dios en la Biblia. Presentada de forma sencilla y atractiva, esta guía de estudio ofrece una introducción básica a la verdad, la ética, los orígenes, la causalidad, la antropología, la sociología, la familia, la iglesia, el gobierno civil, la educación, la economía, la defensa, el crimen y la caridad. Al final de cada capítulo se incluyen tareas, juegos, puzles y mucho más.

Piense conforme a la Biblia: Cómo recuperar el punto de vista cristiano
por John MacArthur
Un libro fundamental que todo padre, abuelo, pastor y educador debería leer. Este libro ayudará a cualquiera que se esté esforzando por pensar bíblicamente en el contexto de la sociedad actual. El libro proporciona modelos para cultivar una mentalidad bíblica en materias como el culto, la psicología, el género, la ciencia, la educación, la historia, el gobierno, la economía y la literatura, además de confrontar las falsas cosmovisiones que dominan nuestro mundo posmoderno.

My 1st Book of Questions and Answers
por Carine MacKenzie (preescolar)

The Gospel for Children
por John Leuzarder (primaria)

Essential Truths of the Christian Faith
por R. C. Sproul (secundaria)
Todos los padres y abuelos necesitan enseñar a los niños las doctrinas fundamentales de la fe cristiana. Hay verdades fundamentales en la Biblia que todo creyente, joven o mayor, necesita aprender. Cada uno de estos libros le ayudará a enseñar los fundamentos de la fe de una forma fácil y apropiada para cada edad. Cada libro cubre verdades bíblicas clave que ayudarán a los jóvenes a estar arraigados en la Palabra de Dios y protegidos del error.

Biblical Worldview Toolkit
por Renewanation (escuela primaria y adolescentes)
Un recurso basado en la Biblia y centrado en Cristo para ayudar a las familias, iglesias y escuelas a enseñar deliberadamente a las nuevas generaciones las verdades clave de la Escritura. Incluye unos diez recursos que le

ayudarán a moldear las creencias de un joven para que desarrolle una fe en Jesús profunda, duradera y capaz de dejar huella en la sociedad. Esta obra le preparará para integrar la verdad bíblica en su hogar, iglesia o escuela, con el fin de impactar con la Palabra de Dios los corazones de los jóvenes. Está disponible en renewanation.org.

Preparing Children for Marriage: How to Teach God's Good Design for Marriage, Sex, Purity, and Dating
por Josh Mulvihill (escuela primaria y secundaria)
Este libro le ayudará a enseñar a los niños, desde preescolar hasta la secundaria, las verdades de la Escritura sobre cómo define Dios el matrimonio, el papel del marido y la mujer, la virilidad y la feminidad bíblicas, las citas, la pureza y mucho más. Los jóvenes tomarán pocas decisiones más importantes que la de casarse. Pero antes deberían tomar otras decisiones: decisiones sobre la pureza, las citas y su papel como hombres o como mujeres. ¿Están preparados? Nuestra sociedad se esfuerza diligentemente en transmitir a los niños sus propios puntos de vista sobre el sexo y el matrimonio. Aprenda a enseñar la verdad iniciando pronto conversaciones con los niños sobre estos temas y retomándolas a menudo.

How to Study Your Bible for Kids
por Kay Arthur (escuela primaria)

El poder la palabra y cómo estudiarla
por John MacArthur (escuela secundaria y preparatoria)
Estos recursos ayudarán a los niños a desarrollar el hábito espiritual de leer la Biblia, para que puedan crecer como seguidores de Jesucristo y madurar en la fe. Kay Arthur anima a los niños de primaria a ser detectives y les enseña a observar, interpretar y aplicar la Escritura basándose en el estudio de Tito. John MacArthur ofrece

una visión general concisa y amena de la doctrina de la Escritura, seguida de sugerencias sobre cómo desarrollar el hábito de leer la Biblia a diario.

Keeping Your Kids on God's Side: 40 Conversations to Help Them Build a Lasting Faith
por Natasha Crain
No es ningún secreto que los niños, sin importar la edad, están expuestos a críticas negativas sobre el cristianismo cuando están en la escuela, con los amigos o en Internet. ¿Está preparado para hablar con sus hijos sobre cómo responder eficazmente las preguntas difíciles que se les plantean? Este libro contiene cuarenta de los desafíos más comunes a los que se enfrentan los niños, junto con respuestas claras y fáciles de entender que pueden comentar juntos.

The Renewanation Review
por Jeff Keaton y Jen Wooldrige
La Renewanation Review es una revista gratuita que promueve, apoya y ofrece recursos para la educación en una cosmovisión bíblica. Está disponible en renewanation.org.

Kingdom Education: God's Plan for Educating Future Generations
por Glen Schultz
Kingdom Education le ayudará a tener una visión bíblica de la educación de los niños mediante el análisis de lo que la Biblia dice sobre el tema. Una lectura obligada para todo padre, pastor y educador.

Roots Kids Worship
de Josh Mulvihill, Dara Mann y Peter Bourne
A través de la música, *Roots Kids Worship* enseña a los niños las verdades fundamentales de la Biblia. Canciones cantadas por niños y para niños, con una energía y un estilo que atrae a todas las edades y forma parte de un

plan de estudios integrado que combina música, mensaje y memorización. *Roots Kids Worship* y el plan de estudios están disponibles en gospelshapedfamily.com.

Respuestas en Génesis
de Ken Ham
Un ministerio de apologética dedicado a ayudar a los cristianos a defender su fe y proclamar el evangelio de Jesucristo con eficacia. Respuestas en Génesis se centra en ofrecer respuestas a preguntas sobre la Biblia, en particular sobre el libro del Génesis, en relación con cuestiones clave como la creación, la evolución, la ciencia y la edad de la tierra. Respuestas en Génesis ofrece muchos libros y vídeos, así como dos museos que merece la pena visitar.

Cold Case Christianity for Kids: Investigate Jesus with a Real Detective
por J. Warner Wallace
Entre los ocho y los doce años, los niños suelen empezar a preguntarse si el cristianismo es verdad. En *Cold-Case Christianity for Kids,* el detective J. Warner Wallace adentra a los lectores en las emociones de la investigación de alto nivel mostrándoles cómo pensar, en lugar de decirles qué pensar. El detective Wallace consigue que los niños se entusiasmen poniendo a prueba a los testigos, examinando las pruebas e investigando el caso del cristianismo. Incluye ilustraciones del autor y enlaces a un sitio web (coldcasechristianityforkids.com) donde los niños pueden descargar actividades, anotar las pistas del caso y obtener un certificado al mérito. También hay disponible otra versión para adolescentes y adultos.

Biblical Worldview: Creation, Rebellion, Redemption
de BJU Press
Una herramienta que pueden utilizar las escuelas, las iglesias y los hogares para dotar a los estudiantes de

secundaria de una comprensión cristiana de las principales disciplinas académicas y ámbitos culturales. Un recurso excelente para los padres que tienen un alumno de secundaria en un colegio no cristiano. ¿Están preparados sus alumnos? ¿Están preparados para ver el mundo desde un punto de vista bíblico? Este libro ayudará a los jóvenes a entender qué es la cosmovisión y a aplicarla a los problemas de la vida real, así como a hacer contribuciones positivas a nuestro mundo. A lo largo de todo el libro encontraremos recursos apologéticos que preparan a los estudiantes para defender las enseñanzas fundamentales de la Biblia frente a cosmovisiones rivales.

The Christian Worldview Radio Program
de David Wheaton
Un ministerio radiofónico y por internet que pretende perfeccionar la cosmovisión bíblica de los cristianos y compartir la buena nueva de que todas las personas pueden reconciliarse con Dios a través de Jesucristo. El ministerio pretende ayudar a los creyentes a pensar y vivir bíblicamente, centrándose en acontecimientos actuales, temas culturales y asuntos de fe desde una perspectiva bíblica.

Evidencia que demanda un veredicto
por Josh McDowell y Sean McDowell
Un clásico de la apologética que ofrece a los lectores cristianos las respuestas necesarias para defender su fe frente a críticos y escépticos. El libro aporta documentación histórica y la mejor erudición moderna para demostrar la fiabilidad de la Biblia y sus enseñanzas. Se trata de un libro que invita a los lectores a plantear sus dudas y no rehúye las preguntas difíciles.

Verdad total: Libera el cristianismo de su cautiverio cultural
por Nancy Pearcey
En la sociedad actual, no se considera apropiado mezclar lo público y lo privado, o lo sagrado y lo secular. Esta división es la fuerza más potente que mantiene al cristianismo relegado a la esfera privada, despojándolo de su poder para desafiar y redimir a toda la sociedad. Nancy Pearcey ofrece un útil análisis de la división entre lo público y lo privado, explicando cómo obstaculiza nuestros esfuerzos de renovación tanto personal como cultural. En última instancia, refleja una división en el propio concepto de la verdad, que funciona como un portero que impide el acceso de los principios cristianos al ámbito público. Aprenda a unificar su vida, a poner todas las cosas bajo el señorío de Cristo y a construir una sólida cosmovisión cristiana.

Visionary Parenting
por Rob Rienow
Obtenga una visión de la paternidad acorde con los principios divinos que comience por comprender el propósito de Dios para la familia y analice con honestidad el estado actual de su hogar. El libro se centra en comprender y aplicar las instrucciones de Dios a los padres contenidas en Deuteronomio 6:5-7.

Biblical Grandparenting and Grandparenting
por Josh Mulvihill
¿Qué papel tienen los abuelos? Conozca los mensajes engañosos de la sociedad sobre la función de los abuelos, obtenga una visión bíblica del papel de los abuelos y acceda a una investigación innovadora que le proporcionará la visión necesaria para impactar con el mensaje de Cristo en la próxima generación. Incluye ocho métodos bíblicos para discipular a los nietos. *Biblical*

Grandparenting es un estudio académico para lectores muy interesados y líderes, mientras que *Grandparenting* es perfecto para el lector ocasional, grupos pequeños o el aula.

Long Story Short and Old Story New
por Marty Machowski
Long Story Short (AT) *y Old Story New* (NT) son dos de los mejores libros devocionales familiares disponibles en la actualidad. Marty Machowski enfatiza el evangelio en cada devocional y ayuda a las familias a leer y comentar la Escritura diez minutos cada día; los libros son adecuados desde preescolar hasta la adolescencia.

The Bible's Big Story
por Jim Hamilton

The Whole Bible in 16 Verses
por Chris Bruno
Estos libros le ayudarán a enseñar a un niño un panorama general de la Biblia centrado en Jesucristo. *The Bible's Big Story* es perfecto para niños, mientras que *The Whole Bible in 16 Verses* es fantástico para adolescentes. Muchos jóvenes se sienten confusos ante la Biblia y la ven como un gran libro de reglas o un anticuado diario religioso de la experiencia de otras personas con Dios. Estos libros ayudarán al joven a ver la unidad de la Escritura y seguir sus temas principales de principio a fin.

Otros libros del autor (en inglés)
Equipping Grandparents
Preparing Children for Marriage